Víctima del engaño

Víctima del engaño

Luz Maria Rosado

Número de Control de la Biblioteca del Congreso de EE. UU.:   2013906253
ISBN: Tapa Dura   978-1-4633-5514-2
                     Tapa Blanda   978-1-4633-5513-5
                     Libro Electrónico   978-1-4633-5512-8

Para realizar pedidos de este libro, contacte con:
Palibrio LLC
1663 Liberty Drive
Suite 200
Bloomington, IN 47403
Gratis desde EE. UU. al 877.407.5847
Gratis desde México al 01.800.288.2243
Gratis desde España al 900.866.949
Desde otro país al +1.812.671.9757
Fax: 01.812.355.1576
ventas@palibrio.com
454748

ÍNDICE

DEDICATORIA

Dedico este libro a mis queridos padres: Merced y Emilia que hoy están Descansando en Paz. A mis hijos: René y Anthony. A mi hija Mary Luz. Su amor y su compañía me dan fuerzas y me motiva para que no me deje caer y siga luchando por seguir adelante.

También a mis hermanos y hermanas, porque siempre han estado conmigo en las buenas y en las malas. Dios y ellos son mi consuelo, mi guía, y sin ellos mi vida no estaría completa.

AGRADECIMIENTOS

Inmensamente agradecida de José Mangual por su compañía y apoyo en mis largas horas de trabajos. A mi nieto Alexander por ser el mejor nieto que Dios me ha dado y por servirme de técnico cada vez que se me dañaba la computadora. También a mi hermana Evelyn, por su apoyo y por su ayuda incondicional que siempre me ha brindado.

INTRODUCCIÓN

Esta obra es basada mayormente, en la historia de una adolescente, que desde la infancia, fue víctima de la Violencia Doméstica.

Abarca una serie de casos, que fueron aconteciendo, a través del tiempo, dentro de lo que siempre, ha sido considerado una unión familiar.

Es por eso, que estos casos son en parte, difíciles de creer por la razón de que los hechos más terribles y violentos, fueron surgiendo en el hogar familiar; ya que según lo pinta la sociedad; lo esencial que debe ocurrir en un hogar, sea: integridad, protección, seguridad, comprensión y sobre todo, un refugio sano, lleno de amor, paz y alegría.

La obra da a conocer, cuáles fueron los motivos y las causas que ocasionaron la separación y la destrucción de la familia. Aparte, que también muestra que la Violencia Doméstica, no es simplemente el maltrato físico; sino que también existen otras formas de Violencia Doméstica. Tales como: el maltrato verbal (psicológico), descuido, rechazos y abandono.

Por consiguiente, hieren profundamente. Aparte de que causan daños y trastornos en las personas. Especialmente en los niños.

Según se va desarrollando la historia, nos vamos encontrando con algunos casos de Violencia Doméstica, que ya vienen con cola. En otras palabras,[1] no resultan de la nada; sino que son el resultado de sucesos anteriores, ocasionados mayormente, por la mentira, el engaño, la traición, la maldad, incompatibilidad, celos, venganza, odios, rencores y sobre todo, por ir a ciegas por vías contrarias y equivocadas.

Basándome en mis propias experiencias, como víctima, me di a la tarea de escribir este libro, que es mayormente basado, en hechos reales de Violencia Doméstica.

Mi interés principal es: transmitir un mensaje de sensatez y de sensibilidad y a la vez poder infundir en las personas que actúan sin

---

[1]

pensar, a ciegas, o que viven en la ignorancia, causándoles daños a sus seres queridos, o a esas personas que también forman parte de los lazos de familia.

También llevar un mensaje de alivio y de superación a todas esas personas (tanto mujeres como niños y adolescentes), que hoy día están viviendo dentro de la Violencia Doméstica.

Para que no tengan miedo, ni se dejen engañar, ni intimidarse por nadie. Y que nunca bajen la guardia; al contrario a ponerse las pilas y a buscar un refugio y ayuda antes de que lleguen a sufrir un desequilibrio mental o una lamentable desgracia.

En cada uno de los capítulos, hay mensajes y temas muy impactantes, que se van desarrollando misteriosamente dentro de la historia. Mostrando sucesos ideáticos, llenos de tropiezos, equivocaciones y lamentos.

Luego comienzan los enfrentamientos, la desunión del matrimonio y la segregación temporal de los hijos.

Es importante crear conciencia y darnos cuenta, de que la violencia no conlleva a obtener ningún beneficio, ni ningún logro; al contrario, los resultados suelen ser desastrosos, por la razón de que pueden llegar a causar en los niños deficiencias en el aprendizaje académico, desorden emocional, el autoestima muy bajo, depresión, abandonar los estudios, desamor, odios, rebeldía y hasta en un suicidio. En fin, en una desgracia fatal de la que más tarde haya que lamentar.

Mi opinión personal, coincide en que debemos educarnos bien y luchar por sacar a nuestros hijos dignamente por un buen camino; educándolos y dándoles todo lo mejor que podamos. Recordando siempre que los buenos modales comienzan en la casa, se heredan y no se pierden; al contrario, nos sirven de guía, nos ayudan y nos hacen ser mejores personas. Y, sobre todo; tenemos que pasárselos a nuestros hijos, para que ellos también los sigan transmitiendo a sus hijos y puedan obtener un buen futuro.

Tenemos que actuar de inmediato, a construir un mundo libre de abusos, de maltratos, de drogas y de tantos crímenes, donde cada día, mueren tantos niños y personas inocentes.

Yo entiendo que esos males de la Violencia Doméstica, de los que he mencionado, es como una terrible epidemia, que cada día se va engrandeciendo y que se ha expandido en el mundo entero, pero al menos no todo está perdido y aún tenemos tiempo para poner de nuestra parte, empezando por cuidar y proteger a nuestra propia familia y a todas esas personas, que están a nuestro alcance y que a gritos nos están pidiendo nuestra ayuda.

Yo sé que poco a poco se puede lograr, si cada uno de nosotros ponemos de nuestra parte y comenzamos *poniendo nuestro granito de arena.*

¡Ah, pues bien! aquí les entrego este libro para que todos ustedes lo analicen bien y se den cuenta de que este no es un libro común y corriente; sino un libro que al ustedes leerlo, puedan darse cuenta de que los errores cometidos en esa familia, tubo fatales consecuencias que pudieron haberse evitado. También espero, que basándose en esos casos, que he comentado, les pueda ayudar a ser mejores padres, mejores matrimonios, parejas y sobre todo; que los casos de maltratos y de injusticias que se presentan en este libro, les ayuden a reflexionar y a crear conciencia de que la violencia, genera violencia y no se resuelve ningún problema; al contrario, tiende a empeorarlo aún más. Recordando siempre que los niños no tienen la culpa de los errores de los padres. A parte de eso, los padres no deben traer niños al mundo si no los quieren tener y mucho menos a sufrir.

Esta historia comienza con sucesos alarmantes y trágicos, pero termina con sucesos muy amenos y de superación.

PRÓLOGO

Siento en lo más profundo de mi alma, que tengo el deber, y que me es indispensable dejar de mencionar que la vida desde cualquier ángulo que la veas, o la hayas vivido, si la sabes analizar bien, comprenderás que en realidad la vida no es nada fácil. Es como la marea; con altas y bajas.

No obstante, pienso que debo ser más exacta y decir que para mí nunca lo ha sido, porque en mi largo viaje, por estos caminos oscuros y llenos de telaraña, me han ocurrido infinidades de trastornos y tropiezos, que francamente confieso, que el hecho de que hoy los pueda contar, es simplemente por mi valentía, mis deseos de superación, mi fuerza de voluntad y por obra del Espíritu Santo, que siempre ha estado a mi lado: protegiéndome en los peores momentos de mi vida.

He tenido numerosos problemas, difíciles de resolver, que de hecho, de una forma u otra, han impactado y transformado toda mi existencia. Para ser más exacta, quiero comenzar a mencionar aquellos momentos más críticos y dolorosos, que han marcado huellas imborrables, en lo más profundo de mi corazón.

Viví en un hogar donde la Violencia Doméstica era el plato principal del día. Un hogar donde no existía paz, ni tranquilidad alguna. En otras palabras, un verdadero infierno.

El café con leche y los dos centavos de pan con mantequilla, de las cinco de la mañana, venían acompañados con un maldita te sea, malrayo te parta, o peor aún, con una patada o un bofetón en pleno rostro. Era entonces, cuando el café con leche se derramaba por el piso y salpicaba las paredes. Los dos centavos de pan con mantequilla, después de servir como arma de defensa, rodaban por el suelo, y la perra Canela que estaba siempre a la perspectiva, brincaba y se lo comía, luego lamía todo el café con leche del piso, dejándolo completamente limpio.

El escándalo mañanero, que causaban mis padres, era tan escandaloso y fuera de lo común, que hacía que mis hermanos y yo, nos despertáramos asustados y corriéramos a escondernos detrás de las puertas y debajo de las camas.

Desafortunadamente, ahí no terminaba el drama, ni se bajaba el telón. Eso era simplemente un ensayo mañanero, que fue día, tras días empeorando. Causando una serie de problemas y conflictos.

Mi madre cansada de trabajar y de luchar con los problemas matrimoniales, se vio obligada a salir huyendo de la casa y a dejarnos con nuestro padre. Su partida fue muy triste y dolorosa; especialmente para mis hermanitos más pequeños, y para mí que era apenas una niña y la única hija mujer.

De ahí en adelante mi vida de adolescente se fue tornando gris. No podía creer que mi madre a quien quería con toda mi alma y mi corazón se había ido dejándonos con nuestro padre.

Al marcharse mi madre, tuve entonces que dejar mis estudios para asumir su rol encargándome de los quehaceres de la casa y de velar por el bienestar de mis hermanitos. En verdad les digo, que me dolió muchísimo tener que salirme de la escuela, porque me gustaba muchísimo y me interesaba aprender a leer y a escribir bien. Además en la escuela me sentía segura y muy feliz de poder jugar y compartir con mis compañeras de clases.

Traté incansablemente, día tras día; de hacer las cosas bien y de ayudar a mi padre con las tareas del hogar y el cuido de mis hermanos menores, pero aun así mi papá no estaba contento, ni se daba cuenta, que yo en vez de estar jugando con mis muñecas y con mis amiguitas, estaba haciendo, casi todos los trabajos de una ama de casa; desde que ese era demasiado trabajo para una niña de mi edad.

Papá comenzó a tomar más de la cuenta, y también se puso muy triste y amargado.

Una tarde, mi padre borracho me derramó un plato de sopa caliente encima y tuve que salir huyendo de la casa, por miedo a que me fuera a causar más daño.

Desde ese día comencé a ir de casa en casa, hasta que logré irme a vivir con uno de mis tíos, y con su ayuda pude viajar a Nueva York he ir en busca de mi madre. Pero francamente, les cuento que no fue nada fácil. Al contrario, en New York me fue aun peor.

Allí comencé a juntarme con gente no grata y hasta después de ser abusada sexualmente, me vi obligada a casarme con el hombre que no amaba. Simplemente lo hice porque no tuve otra opción. Además necesitaba tener una estabilidad en algún sitio. Un hogar donde yo pudiera hacer y disponer de mi tiempo y de mis cosas.

De ahí comenzaron a surgir problemas tras problemas y volví a caer en otro infierno. Semejante al que había vivido mi madre, al lado de mi padre. Una vez más caí dentro de la Violencia Doméstica. La historia de mi madre se volvió a repetir.

Durante todo ese tiempo viví días y noches de amarguras. La verdad les digo, queridos lectores, que no tuvieron precio, ni color; solo un sabor amargo y un triste recuerdo, que con mi gran poder y valentía a través del tiempo he podido sobrellevar y superar.

Extraño pero cierto; logré liberarme de todas las ataduras y pude salir de ese túnel estrecho y oscuro. Y, nuevamente pude volver a ver salir el sol brillante, mañanero y la luna de media noche.

¡Ah, pues bien! Logré encontrar y tener lo que siempre había soñado: una unión familiar perfecta, una buena educación en las mejores Universidades, donde recibí mis títulos de Bachiller y Maestría. Hoy día me siento una mujer realizada; que con gran esfuerzo y valentía supo luchar contra la **Violencia Doméstica y con las adversidades** de la vida.

BIOGRAFIA DEL AUTOR

Luz María Rosado Carrero nació en Puerto Rico. Pasó parte de su adolescencia en la Ciudad de Nueva York donde más tarde se casó y dio a luz a tres hijos. Vivió en varios estados de la Nación América y llegó a estudiar en la Universidad de Milwaukee Wisconsin donde recibió su grado de Bachiller en educación y Maestría en literatura. Trabajó de maestra Bilingüe y de maestra de educación especial en las escuelas públicas de Milwaukee Wisconsin y de Chicago Illinois.

UNO

ESA TARDE DESPUÉS de la cena, mamá agarró su radio de baterías y nos ordenó que la siguiéramos hasta el patio de la casita. Allí ella acostumbraba llevarnos a jugar, a hacernos cuentos, escuchar y cantar las canciones que tocaban en la radio.

Colocó el radio encima de la tapa de un barril que usaba para coger agua lluvia; pero no lo prendió. Después subió a la casa y regresó con mi hermanito más pequeño en brazos y se sentó con él en una hamaca que estaba atada de un árbol de mango. Yo pegué una carrera y me senté a su lado, antes de que uno de mis hermanos se me adelantara, y me lo fuera a quitar –Maldita grilla. Me cogió mi lado –Dijo mi hermano Josué–

Mamá lo regañó por haberme dicho esas palabras, pero de nada le sirvió, porque el continuaba diciéndomelo y no dejó de decírmelo hasta que mamá hizo un intento para pegarle con la correa candelita.

<<Vengan aquí mis hijos. Miren… Hay algo que tengo que decirles –comenzó diciendo mamá muy tiernamente–. Mañana temprano va a venir su papá con su hijo Franco a buscarnos para llevarnos a vivir a la casita donde vive su hermano Franco.

Así es que hoy se me quedan aquí en la casa, ayudándome a empacar las cosas, para que cuando él llegue, este todo listo.

No quiero que mañana cuando lleguen no estemos listos para irnos. Ahora bien, Esto que les he dicho, no se lo había querido decir antes, para que no se fueran a ir por ahí regándolo. Nadie; pero que nadie debe saberlo hasta que no nos hayamos ido lejos de aquí.

–Está bien mamá –yo no se lo voy a decir a nadie –dijo Mark.

–Ni yo tampoco se lo digo a nadie –dijo Josué.

¿Están ustedes seguros, de que no se lo van a decir a nadie? ¡De acuerdo, entonces ya no hay más que hablar! Ahora sé que puedo contar con ustedes –dijo mamá muy satisfecha.

Esa noche me fui a dormir más temprano que de costumbre, pero no podía dormir, pensando en que muy pronto nos íbamos a regresar con papá, y esta vez, lejos de mis tíos y de mis primos, con quien había vivido por mucho tiempo.

—Me dormí casi a la media noche, pensando en que me alejaba de aquel pueblito tan bello. Compuesto de dos o tres callecitas. Un pueblo, donde solamente vivían algunas cuatro familias; por cierto, muy conocidas y dignas de respetar.

También recordaba las calurosas tardes de verano, cuando mamá bajaba el cerro, para llevarnos a bañar al mar. Allí jugábamos con la arena; haciendo casitas y castillos encantados. Llenábamos los baldecitos de arena, y volvíamos y los vaciábamos. Después nos metíamos al agua a sacarnos la arena, y a jugar con mamá en la orilla del mar.

Nos divertíamos y nos reíamos muchísimo, al ver como mamá flotaba en la orilla del mar, dejándose arrastrar por las fuertes olas, mientras su vestido floreado, se inflaba, dejando ver el pantaloncito viejo, remendado, que siempre se ponía debajo de su vestido para bañarse. Parecía una tortuguita de tan chiquita que era.

Después de darnos un chapuzón, en el mar, nos poníamos a recoger chipes, para que mamá nos preparara una buena tortilla.

>>Así acongojada y llena de melancolía, trataba de quedarme dormida, pero mis inquietudes eran superiores a mi cansancio y lo único que se me ocurrió fue acercarme a la ventana, para contemplar el cielo repleto de luminosas estrellas.

Cuidadosamente comencé a buscar una sola estrella. La mía por supuesto…aquella estrella fugaz, lisonjera, capaz de tachar o empujar aquellas nubes grises que empañaban y entorpecían mi camino.

Pero mis inquietudes eran tan grandes, que no me permitían relajarme. Se me hizo difícil quedarme dormida. Acostada en mi cama embelesada desde mi ventana; contemplando el ancho cielo y en busca de aquella estrella fugaz y lisonjera, capaz de tachar o retroceder las nueves grises, que son capaces de empañar y des guarecer mi destino. Y así contemplando el cielo desde mi cama me quedé profundamente dormida.

>>Al día siguiente, me desperté de madrugada, al escuchar a alguien tocando en la puerta de la cocina. Creí que era mi padre que había venido a buscarnos, pero al escuchar la voz de mi madrina Siria, inmediatamente me di cuenta de que no era él.

Me sorprendió muchísimo, la visita de mi madrina y sin hacer el menor ruido, cuidadosamente, me bajé de la cama y caminando en las puntas de los pies, me dirigí hacia a la puerta de mi cuarto, y detrás de ella, me agaché con el propósito, de averiguar los motivos de la visita de madrina.

Como no podía escuchar bien la conversación que sostenían las dos mujeres, y, como tampoco podía salir del cuarto, porque muy bien sabía, que si salía, mi madre me iba a mandar de nuevo a la cama, entonces decidí acostarme boca abajo en el piso, para así poder mirar por debajo de la puerta y al mismo tiempo escuchar mejor lo que ellas estaban diciendo. Por supuesto, que no me equivoqué al hacerlo porque pude lograr oír la mayor parte de la larga y ardua conversación de las dos comadres.

–"¿Qué sucede comay?*[2] ¿Por qué arranca y se viene para acá a esta hora de la madruga?"

–preguntó mamá algo preocupada–.

–Apenas pude dormir en toda la noche, pensando en que se va usted a ir detrás del compa[3] a rodar con esos nenes. Trataba de reconciliar el sueño, pero me he desvelado de tal manera, que se me hizo difícil dormir. Entonces me levanté a preparar un té para ver si tomándomelo, me ayudaba a dormir, pero de nada me sirvió tomármelo, porque no logré dormir nada, entonces vi que aquí estaba la luz prendida y sin perder tiempo alguno y aprovechando de que tu marido no estaba en la casa, preferí venir a verla y también para ver cómo puedo convencerla, para que no se vaya lejos de aquí con esos nenes. –dijo madrina.

–"Pues creo que usted está perdiendo su tiempo en aconsejarme, por la razón de que nada ni nadie me va a convencer de que no me vaya con el padre de mis hijos".

Así le respondió mamá como si en verdad estuviera contenta con lo que estaba haciendo.

Entonces a mi madrina, no le pareció agradable, lo que mi madre le dijo, y poniéndose las manos sobre la cabeza, comenzó diciendo: "No… no…, esto que usted está diciendo no puede ser cierto. La verdad es que no se lo puedo creer. Lo único que pienso es que usted se ha vuelto loca y perdone que se lo diga. Solamente a una loca se le ocurre tal disparate."

Mi madre se dirigió a una mesita donde tenía sobre ella, unas velas encendidas, a sus santos de su devoción. Pero… que esas velas, aparte de tener ya su objetivo; también servían para alumbrar casi toda la casa. En la mesa también tenía cerillos y una cajetilla con dos o tres cigarrillos. Cogió ligeramente la cajetilla y extrajo un cigarrillo y sin perder tiempo

---

2   comadre
3   compadre

alguno, lo prendió con la mecha del quinqué. Le dio unos cuantos jalones al cigarrillo y dejando escapar el humo por la nariz, tosió unas cuantas veces y luego aclarándose la garganta, le dio otro jalón más al cigarrillo y se lo pasó a su comadre diciéndole con su tono de voz ronca:

−"Pues fíjese que no estoy tan loca como usted dice, al contrario; creo que esta vez estoy más cuerda que nunca. Y, si…, lo he pensado muy bien y creo que es lo mejor que puedo hacer por el bien mío y el de mis hijos. Sinceramente le digo, que no es justo que mis pobres hijos y yo continuemos viviendo aquí recibiendo humillaciones de mis padres. A parte de eso, a diario voy viendo ese trato cruel e injusto, con el que están tratando a mis Hijos."

−"Bueno, comadre, no sé si usted se ha dado cuenta, pero mamá no me quiere a los nenes y se vale de cualquier pretexto para castigarlos. Fíjese que ayer en la tarde fui a casa con el fin de darle la noticia de que me iba a ir a vivir a otra parte y también a llevar los nenes para que se despidieran de sus abuelos. Pero fue tan grande el mal rato que pasé con mi madre que me arrepentí de decírselo y hasta de haber ido allá con mis hijos".

−"Bueno, has hecho muy bien en no decirle que te vas a ir a vivir con el viejo. La verdad que no te a consejo a que se lo digas. Ya me imagino el lio que te buscarías al decírselo. Tú mejor que nadie sabes lo mucho que odian a tu marido y creo que esa noticia los endiablaría aún más, por tanto, haces bien en irte sin que ellos se enteren".

−"Ahora; ¿cuénteme que fue lo que le sucedió con su mamá? −le preguntó madrina muy intrigada.

−"Mira mija, lo que sucedió fue lo siguiente: Mi hermano Cirilo me llamó para que fuera a su casa. Entonces fui a verlo para ver lo que me quería decir y una hora más tarde, cuando regresaba de su casa, vi a mamá siguiendo de lejos a la niña que estaba jugando en las barrancas. Sentí curiosidad al verla con una barita escondida de tras de su espalda y me escondí detrás de unos matojos, para ver cuáles eran sus intenciones. Efectivamente, pasaron las cosas tal y como lo imaginé."

¿Qué estás haciendo nena? −Le preguntó mamá a la niña irónicamente.

<<Estoy jugando con estos tomatitos>> −Respondió mi muchachita. ¡Ah! sí… ¡Que bonitos son! Y, ahora, dime: ¿Adónde los encontraste? -Le preguntó mamá irónicamente.

<<Por ahí derechito hacia abajo. Por la orilla de ese caminito>>. −Respondió la nena sin malicia alguna. Entonces ella le dijo: −Ven acá hijita. ¿Enséñame?

La niña, ajena a lo que le iba a suceder con su abuela; comenzó a caminar rápidamente, rumbo abajo por el camino, para mostrarle a mi madre, de adonde había obtenido los tomatitos. Entonces cuando la nena le mostró el bejuco de donde había arrancado los tomatitos, inmediatamente, mamá comenzó a pegarle con la barita que llevaba escondida. La niña comenzó a gritar y yo corrí a meterme en medio de ellas, para que no siguiera pegándole.

<< ¿Por qué le estás pegando mamá? –Le pregunté furiosa y entonces ella salió diciéndome: Para que no vuelva a arrancar y a destruir las plantas y las verduras, que están sembradas. Con ellas muchas veces se jarta*4 la panza" –Me contestó con arrogancia.

–Lo siento mucho mamá, pero esas no son formas para castigar ni de enseñar a la niña; además tu no debes castigarla así por tan poca cosa. Si quizás fuera que no hay tomates en esta finca, pero hay tantos que ni votándolos se acaban.

Le pido de favor que no me siga maltratando a los niños. A mí me puede decir hasta perro muerto, golpearme, o hacer conmigo todo lo que se le pegue la real gana, pero… a mis hijos no me los toque, porque eso jamás se lo voy a permitir.

<< "¡Oh, con que esas tenemos! ¡Así son las cosas! Pues quiero que sepas de una buena vez, y que nunca se te olvide; que mientras tú y tus hijos vengan a mi casa y a mi finca, tienen que hacer lo que yo le diga. Y, vuelvo y te advierto de una vez y por todas, que si no te gusta que te eduque y te castigue a esos mocosos, entonces ya tú sabes lo que tienes que hacer">>.

Inmediatamente me di cuenta, de que con mi madre no se podía discutir y mucho menos cuando se trataba de mis hijos.

Entonces, levanté a la nena que estaba sentada en el suelo; sobándose los cantazos que le había dado mi madre en sus piernitas. Con la falda de mi vestido, le sequé las lágrimas de su carita y cogiéndola en mis brazos me fui de inmediato a mi casa y le advertí a mi niña, que cuando fuéramos a la casa de mamá que no bajara a la huerta sin mi permiso.

Además de eso, mi madre no era la única que castigaba a los niños, sino que mi padre también lo hace y de la forma más cruel de castigar a un niño. Fíjese usted comadre, que yo estaba sentada en la hamaca con mi niño más chiquito, meciéndome con él para calmarlo, porque estaba llorando mucho. En eso papá subió a la casa enfurecido y le pegó una

_____
4   harta

bofetada al niño, tan y tan fuerte, que lo sacó de la hamaca. El pobre cayó reventado en el suelo y fue un milagro que no se mató al caer.

No creo que sea justo, ni que tengan derecho alguno de maltratar a mis hijos de esa manera.

Los pobrecitos niños, no tienen la culpa de nada, ni deben pagar por los errores de sus padres.

Pues mire…comadre; déjeme también decirle, que mis hijos son chiquitos, pero ellos se dan cuenta de todo. Por eso es que algunas veces se niegan a ir conmigo a visitarlos.

¡Caramba, comadre, usted no me diga una cosa así!

—La verdad del caso comadre, que me he quedado pasmada, con todas las cosas que usted me ha contado. Créame, que usted tiene motivos suficientes, para sentirse ofendida y guardar resentimientos con sus padres. Yo en su lugar, me sentiría igual que usted, y sin pensarlo dos veces, también me largaba lo más lejos posible de ellos.

—A mí me da la impresión de que usted se va solo por alejarse de sus padres, y no la culpo. Ahora bien, usted tiene todo el derecho del mundo, de hacer con su vida y con la de sus hijos, lo mejor que le convenga.

Ahora, le aconsejo que piense bien en las cosas que son más importantes para usted y para sus hijos. Bueno de todos modos, usted puede contar conmigo para lo que sea. Mi casa siempre estará abierta para usted y para sus hijos –le dijo madrina.

Mamá suspiró, se sorbió la nariz y dejó caer su cuerpo en una butaca vieja hecha de paja. Lloró mientras agitaba los brazos por encima de la cabeza y luego se levantó bruscamente y abrazó a madrina y ambas lloraron. Después de unos cuantos minutos mamá se repuso y sentándose nuevamente en la butaca dijo–Gracias comadre por ser tan buena y por toda su ayuda. La verdad que la voy a extrañar grandemente.

– ¡Ay, comadre! No tiene que darme las gracias. Usted sabe que somos más que comadres. Somos como hermanas, y mi casa es su casa y puede venir con los niños cuantas veces quiera. Además usted se va y yo sé que pronto nos vamos a estar viendo. Así que se puede ir tranquila –asintió madrina.

En tal caso, si es que usted va a mi casa, porque yo para acá solo regresaré muerta. Una no debe estar a donde estorba y no la quieren bien –murmuró mamá.

Mi madrina, se sintió conmovida al escuchar estas últimas palabras que le dijo mi madre. Sus ojos nuevamente se llenaron de lágrimas.

Después de unos cuantos minutos, madrina rompió el silencio, diciendo:

—Entiendo muy bien cómo se siente, y por supuesto, que la compadezco. Ahora; no quiero que bajo ningunas circunstancias, vaya usted a pensar, que yo estoy de parte de sus padres; al contrario, tanto como a usted, me repudia rotundamente, sus comportamientos y esa forma tan cruel, con la que han sido capaces, de utilizar para castigarlos a todos ustedes —dijo madrina, paralizada por las cosas que le había dicho mi madre.

—Y, si eso fuera poco, comadrita; ni a mi hermana, ni a mí, nos quisieron mandar a la escuela.

Ni siquiera, se detuvieron a pensar, en el daño tan grande, que nos estaban haciendo.

Escuchando tan extendida y sorprendente conversación, me quedé profundamente dormida, en aquellas duras tablas, que apestaban a humo de cigarrillo. Luego me desperté al recibir un fuerte portazo en la cabeza, que me ocasionó, mi madre, con la puerta, al entrar al cuarto.

¡Ah! Si, te pegué; pues me alegro mucho, para que dejes la mala costumbre, de estar escuchando las conversaciones, por detrás de las puertas —refunfuñó mamá.

Entonces, corrí al baño y me lavé la boca y la cara. Luego me fui a la salita. Allí vi unos cuantos bultos de ropa y unas cajas en la entrada de la puerta.

De pronto, me puse muy triste, al darme cuenta de que era cierto que nos íbamos con mi padre. Lejos de aquel lugar donde había crecido junto a la familia de mi madre.

Sentí tristeza, al comprobar, que era cierto que nos íbamos a ir de ese lugar. Allí dejaba atrás a mis tíos y a mis primos que eran muy buenos conmigo. Pero mi tristeza duró poco tiempo, porque también anhelaba salir del lado de mi abuela; que para decir verdad, sentía mucho rencor hacia ella, por lo mala que había sido conmigo. Aunque a pesar de todo la quería muchísimo.

Después de vacilar un rato y de recorrer con mi vista todo aquel hermoso lugar, donde Dios me había permitido vivir, me fui a chequear a mi madre y a mis hermanos. Me inquietaba que aún no estuvieran listos para el viaje; además, ya estaba sintiendo hambre y necesitaba echarle a mi estómago unas cuantas arepas y un cafecito con leche de cabra bien caliente.

Cuando entré en el cuarto donde estaba mamá, inmediatamente, me di cuenta, de que ya había terminado de vestir a mi hermanito más pequeño y que mis dos hermanos mayores no estaban en el cuarto con ella. Ansiosa por saber a donde habían ido, le pregunté a mamá que a dónde estaban mis hermanos: Michael y Josué. Ella me respondió que se habían ido con mi madrina a su casa. En ese momento me sentí muy molesta y le reclamé que porque razón no me llevaron a mí también.

<<No te llevaron porque pensaron que tú estabas dormida. Mas sin embargo no fue así. Tú estabas espiando…, como es tu costumbre…, detrás de la puerta" –me contestó mamá.

Entonces sarcásticamente le respondí: ¡pues que te parece mija! Si tú me despertaste con ese bochinche que tenías con madrina.

Precisamente, en ese mismo instante, entró por la puerta mi padre acompañado de mi hermano Franco. Puntualmente habían venido a buscarnos para llevarnos a nuestra nueva vivienda.

Todos nos pusimos muy contentos con su llegada; inclusive hasta nuestros perritos, que no dejaban de ladrar y de mover la colita.

DOS

LA MUDANZA HACIA EL CARACOL, resultó ser como una horrible pesadilla. El viaje fue extremadamente largo e incómodo. La camioneta en que viajábamos, era demasiado pequeña para tanta gente y para cargar todos los utensilios, que no se pudieron trasladar, el día anterior, con la mudanza. A parte de eso, mi padre no era, el mejor acompañante de viaje.

En los asientos delanteros, venía mi medio hermano Franco y mi padre. Mi hermano, que era el que manejaba, y mi padre, el que decía y ordenaba por donde ir y cuando parar cada vez que se le pegaba la regalada gana, de tragar ron caña y de orinar. Mi hermano algo molesto le obedecía, porque la verdad que no le quedaba de otra.

En la caja de la camioneta, venía mi madre sentada recostada sobre unas cajas.

Ella trataba de estirar sus piernas y sus brazos, pero se les hacía imposible, debido a que mis dos hermanos, se habían colocado a ambos lados de sus hombros y a mi hermanito más pequeño lo traía sentado en su falda. Y a mí como venía enferma con migraña, me acostó entre medio de dos almohadas, que sacó de una de las cajas.

La camita que me hizo, con las dos almohadas, a mis hermanos le pareció un poco cursi, puesto que yo parecía una gatita acostada entre medio de ellas.

La verdad que eso a mí no me importaba en lo absoluto, porque lo que más me importaba, era sentirme cómoda.

Preferí acostarme bocabajo, para evitar ver directamente el sol radiante y sofocante de la mañana; aunque de vez en cuando, me veía obligada a sentarme, debido a que los brincos y los movimientos bruscos, que producía la camioneta, separaban las almohadas y me desarmaba la camita.

Mi pobre madre, ya no encontraba que más hacer para que nos sintiéramos cómodos y para que no nos fuéramos a dar un golpe, con los tubos de hierro de la caja de la camioneta.

El sol caliente y resplandeciente del medio día me tenía ciega. Me molestaba terriblemente y casi no podía abrir mis ojos para mirar a ningún lado. Además me había causado dolor de cabeza. Me sentía irritada y de malhumor y me desquitaba dándoles patadas a mis hermanos para que me dejaran tranquila y no me sacaran el monstruo que había en mí, cuando me enojaba.

Mi padre, molesto por oírme chillar, como una chicharra, me saco de un jalón de la caja de la camioneta y me sentó entremedio de él y de mi hermano (chofer). Papá entonces pensó que me había hecho un gran favor, pero lo único que logró fue empeorar mi dolor de cabeza.

El sol caliente me daba en la cara y me quemaba. Por otro lado, cada vez que la camioneta incurría en un hoyo y brincaba, me chocaba con los huesos del brazo y de la cadera de papá.

La carretera por donde veníamos no estaba bien construida y era inevitable prevenir que esos movimientos bruscos surgieran. A parte de eso, no existía otro camino aledaño para llegar a la casa, que no estuviera todo lleno de hoyos, de zanjas enfangadas por el agua sucia que corría por las barrancas cada vez que caía un buen aguacero.

A parte de todas las dificultades, que estaba pasando mi hermano por el camino, también tenía que batallar con la juma que traía mi padre.

Aparentemente, estaba celebrando que nos traía a vivir a su pueblo, porque cada vez que pasaba por un ventorrillo, se inventaba cualquier pretexto para darse un palo de pitorro.

Tan pronto como se acercaba a uno, comenzaba diciendo que quería bajarse a orinar. Y cuando por el camino, se topaba con un viejo amigo, enseguida hacía que mi hermano detuviera la camioneta con el pretexto de que iba a saludarlo.

La verdad que cuando a mi padre se le pegaba la real gana, de tragar ron, no había diablo que se lo prohibiera o que lo pudiera detener.

Inmediatamente comenzaba con sus manipulaciones, arrogancias y con sus exigencias a dar órdenes como si fuera el capitán de un barco de guerra. Él se inventaba cualquier excusa para lograr ir a beber aguardiente.

—Párate…, párate…, que te pares aquí en este ventorrillo; te estoy diciendo mijo. Mire, no puedo aguantar más las ganas de orinar—.

Y, sino salía diciendo: Estoy seco de la sed y necesito mojarme la garganta.

—Párate…, Párate…, detente de una buena vez; acabo de ver a uno de mis mejores amigos y lo voy a saludar. ¡Ah, caray mijo! No sabe Usted el tiempo que hacía que no lo veía. La verdad le digo mijo, que hasta llegué a pensar que había muerto. Figúrese como son las casualidades de la vida. Y, que venir yo hoy por estos rumbos y encontrármelo después de tantos años –decía papá con astucia.

<<Pues mire pa'aya*1[5]. Así son las cosas que suelen pasar en este mundo. Ahí lo tiene frente a sus ojos y eso que ya Usted se lo imaginaba muerto –le dijo mi hermano como si le hubiese importado dicha aparición.

–Acaba y estaciónate donde sea, antes de que se me vuelva a perder mi amigo.

–Está bien papá, Es exactamente lo que estoy tratando de hacer en este preciso momento.

–Pues no trate más y hágalo de una buena vez. Ya está jorobando mucho. Deje ya de dar tantas malditas vueltas, que la verdad del caso es… que ya me están mareando. Detenga ya la camioneta que me está haciendo perder la paciencia con tanto fastidiar de un lado a otro.

– ¡No faltaba más, padre! ¡Por Dios cálmese, cálmese… por favor y no la coja conmigo! Mire yo me vengo ensuciando y orinando desde hace rato y como no he encontrado un buen sitio para pararme he tenido que aguantar las ganas y ya estoy que me hago encima –dijo Franco.

¡Malrayo parta!, ¿y qué carajo estas esperando, cagarte encima?

– Usted bien sabe, que no es nada fácil, estacionarse en estos callejones y mucho menos en estas curvas tan peligrosas. Yo siempre trato de complacerlo en todo lo que puedo y no hay razón alguna, para que usted se moleste de esa manera conmigo. Espero que se tranquilice y tome las cosas con calma, porque las cosas a la ligera no quedan bien que digamos –decía mi hermano Franco refunfuñando.

– ¿Cómo dices Franco? ¡Ah sí! Nada más me faltaba, que usted venga ahora a regañarme y a darme sermones. No faltaba más, que después que lo crio, venga usted a desobedecerme y a quererme sacar los ojos. ¡Más le vale! ¡Caramba! que cumpla con mis órdenes y que se deje guiar por lo que yo le digo. ¡Ah caray! Que nunca se le olvide que yo soy su padre y que no me importa que usted se esté pisando los bigotes para entrarle a palo.

Mi hermano se sobresaltó un poco con las arrogancias y arrebatos de papá y pensó que lo mejor que podía hacer, era llevarle la corriente y no contradecirle en nada; sobre todo cuando ya estaba medio borracho.

–<<Desde luego papá. Eso que usted me está diciendo es absurdo, porque cómo cree usted, que se me va a olvidar que usted es mi padre –dijo Franco con un gesto de gratitud.

---

[5]   Para allá

—Bueno, usted bien sabe que somos padre e hijo y que somos "tal para cual." "De tal palo tal astilla." —Re-afirmó papá.

—Eso ni se diga viejo. Y todo queda muy claro entre nosotros. Clarísimo está que los hijos por lo general obedecen y aprenden las enseñanzas que reciben de sus padres>>. —Le dijo Franco "con ajo y pimienta".

Vamos a dejar esta conversación de este tamaño, hijito, porque la verdad del caso es, que a usted cuando le dan cuerda, joroba más que un ratón en una lata, y ya yo no estoy para seguir hablando tanta mierda. Así es que se estaciona ahora mismo si es que no quiere que abra la puerta y brinque como un conejo de la camioneta.

<<A mi padre ya se le habían subido los tragos a la cabeza y por esa razón hablaba estupideces. Mi hermano consiente del estado en que se encontraba papá, se detuvo lo más pronto que pudo, antes de que el viejo fuera a cometer un disparate.

El viejo sin perder tiempo alguno, se bajó de la camioneta y de inmediato se dirigió hacia la cantina.

Franco lo siguió lentamente, en la camioneta y después la estacionó bajo la sombra de un frondoso árbol de Flamboyán. Enhorabuena, estaba justo cerca de la puerta de la cantina y apropiado para cubrirnos del sol.

Tan pronto estacionó la camioneta, se bajó lo más pronto que pudo de ella, y vino hacia nosotros para ver como estábamos.

Mamá, se dio cuenta, de que mi hermano estaba molesto y al acercársele, le preguntó que le sucedía, y por qué razón se había estacionado en aquel lugar. Mi hermano disimulando le dijo: —No está pasando nada, sino que me he detenido aquí en este lugar en lo que papá va a usar el baño.

Mamá agobiada por el inmenso calor, el cansancio y furiosa porque mi padre estaba tomando y parando en cada ventorrillo, en un arranque de ira empezó a decir:

— ¿A quién estás tú engañando Franco? ¿De verdad que tú te comiste ese cuento?- ¿Tú estás seguro de que ese señor va solo a usar el baño? ¿Oh… va a seguir tragando pitorro?

—Bueno Lía, la verdad del caso, que no me atreví a decírtelo para que no fueras a preocuparte más por su comportamiento; aunque no puedo negarte que yo también estoy molesto con él y además de eso, estoy muy preocupado por mi esposa. La pobre mujer, no está muy bien que digamos de salud; aparte de que ya está muy pronto a dar a luz. —dijo Franco muy angustiado.

¡Hay, mijo! Y, por qué te atreviste a venir para acá y a dejarla sola en esas condiciones.

<<Le dijo mi madre muy conmovida por la noticia.

Franco sin perder tiempo alguno, continuó diciendo; –Pues la verdad de Dios te digo, que le repetí a mi padre hasta el cansancio; que no se pusiera a tomar por el camino, porque él muy bien sabía las condiciones en que se encontraba mi esposa, y no podía dejarla abandonada por mucho tiempo, pero a él se le olvidan las cosas cuando se da un pal de tragos.

La verdad que ya no sé qué puedo hacer con él, ni que más decirte. –Dijo mi hermano enfadado.

–No tienes que explicarme nada más. Yo te entiendo muy bien y sé que tienes toda la razón, para sentirte molesto con tu padre y arrepentido por venir a buscarnos, aun sabiendo que dejabas sola a tu esposa por tantas horas y en esas condiciones.

–No estoy arrepentido de haber venido a buscarte con los nenes; solamente estoy molesto por las cosas que dice y hace mi padre. ¡Mira, fíjate bien! Todavía no sale de la cantina –dijo Franco rascándose la cabeza.

–Por el momento no lo creo, Franco. Puede ser que salga cuando el cantinero lo bote o cuando le salga de los pantalones. Creo que es mejor que vayas a buscarlo aunque se enoje. Al fin y al cabo siempre se enoja por nada. –dijo mamá inquieta.

–Creo que es exactamente lo que debo de hacer. Ahora mismo lo voy a ir a buscar y si se niega a salir del ventorrillo ese, lo dejamos solo para que siga bebiendo ron. Y, después que se las arregle para llegar a la casa –dijo Franco lleno de indignación.

Por supuesto que es exactamente lo que vamos a hacer. Nos vamos y que llegue a la casa cuando le parezca. –reafirmó mamá.

Mi hermano Franco, se dirigió rumbo a la puerta de la cantina, la abrió, entró de inmediato y cerró la puerta tras de él. Poco después de media hora, salió casi arrastrando a papá. Mi padre venía enfrente de él, dando zigzag y balbuceando estas palabras:

–Oiga usted Franco; Yo no sé dónde me metí la llave de la guagüita.

–Claro está. –Me figuro que a estas alturas, usted no se acuerda ni de su nombre –dijo mi hermano–.

–Eso es correcto, porque no me acuerdo ni del día en que nací –dijo papá como si se tratara de una broma.

Mi padre había consumido tanto alcohol, que a duras penas podía caminar y para apresurar más su paso, Franco lo sostuvo de un brazo y lo condujo hasta la puerta de la camioneta. Luego lo empujó por el trasero para poderlo colocar bien en el asiento. Después se acercó a mi madre y le dijo:

—Ahora sí, que en verdad te digo Lía, que no me voy a detener en ningún sitio. Si quiere vomitar que se vomite encima y si quiere bajarse a orinar, que se orine en los pantalones.

—Claro mijo, de vez en cuando hay que darle un escarmiento. —dijo mamá.

—Bueno, antes de que arranque y me vaya, quería preguntarte si quieres que te traiga algo para ti y los niños de ese ventorrillo. ¿Quieres que te traiga algo de comer o de tomar? —le preguntó Franco a mami.

—No mijo. Arranca por ahí pa'ayá*[6] y vámonos que yo de ese lugar no quiero ni gloria. Lo único que quiero es que nos larguemos, lo más pronto posible, de este lugar, antes de que tu padre se antoje de bajarse de la camioneta y vaya a meterse de nuevo en el ventorrillo ese…, porque entonces sí, que lo vamos a tener que sacar con una grúa. Arranca y vámonos volando bajito de este lugar, antes de que se nos venga la negra en sima – insistía mamá.

A pesar de que veníamos traficando por esos callejones, montados en la caja como si hubiéramos sido cerdos, y soportando la borrachera que se había dado mi padre ese día, también tuvimos momentos llenos de paz y de alegría, debido a que no todo el camino fue malo; sino que parte de él, quedaba ubicado, a lo largo de la costa del mar.

Era verdaderamente, una delicia, pasar por esos sitios tan hermosos, rodeados de árboles, flores y de todo tipo de plantas. Sobre todo, contemplar las largas filas de palmas de cocos, que enmarcaban toda la orilla del mar. Y, por supuesto; poder inhalar el aire puro y limpio que fluía que nos acercábamos a la costa del mar; si estábamos dormidos, mamá nos despertaba, para que pudiéramos ver, lo lindo que estaba el mar. Nosotros nos alegramos muchísimo al verlo. En ese momento, nos dimos cuenta de que papá no nos había mentido, cuando un día nos dijo, que íbamos a vivir muy cerca del mar y que de vez en cuando nos iba a llevar a visitar a uno de sus hermanos, que vivía en la playa y que desde su casa, podíamos ver de cerca el mar e ir con nuestros primos/as a bañarnos, jugar con la arena y a coger chipes.

---

6   Para allá

TRES

ESE DIA LLEGAMOS A NUESTRA nueva casita, casi de noche. A pesar de que nos tardamos tanto en llegar; aun había algunos vecinos esperándonos. Mi hermano Franco se asustó mucho, al encontrarlos enfrente de la casa, porque enseguida pensó, que a su esposa le había pasado algo malo. Pero afortunadamente no fue así; al contrario, su esposa tan pronto como vio las luces y escuchó el ruido del motor de la camioneta, salió hasta el balcón de la casa, acompañada por su madre, a recibirnos.

Una vez que llegamos a la casa, Franco entró la camioneta bajo un techado de zinc, y rápidamente bajó de ella dirigiéndose a dos de los vecinos que estaban allí listos para ayudarlo a bajar las cosas que traíamos en la troca.

–Hemos venido para ver en que podemos ayudarles. Estoy seguro de que vienen bien cansados. –dijo don Julio con muchísimo afecto.

–En este momento, necesito toda la ayuda del mundo. Y, teniendo en cuenta, que viene de ustedes; que son mis mejores vecinos, no se las puedo rechazar y mucho menos ahora que me siento cansado y agobiado. ¡Pero que se va a hacer! El trabajo de los pobres, es inagotable e incansable. Mientras uno pueda, tiene que seguir luchando por su familia, y para poder sobrevivir –dijo Franco resignado.

Asimismo es muchacho. –Hay que seguir para adelante. Para atrás ni para coger impulso. –dijo don Julio.

–Franco no había terminado de decir bien la última palabra, cuando se le acercó don Justo diciendo:

– ¡Qué bueno muchacho, que ustedes ya están aquí! Hemos estado bien preocupados he intranquilos, porque ustedes no aparecían por ningún lado –dijo don Justo.

–Lo siento mucho que ustedes hayan tenido que pasar todo el día aquí esperándonos, pero no saben ustedes todos los inconvenientes que tuvimos que pasar por el camino –le dijo Franco.

—Y, dime: ¿Dónde está tu padre, que no logro verlo, bajarse de la guagüita? ¿A caso no viene con ustedes? —preguntó don Justo.

—Para que le cuento. Ahí está dormido en la troca*[7]. Supongo que ya usted sabe. El pobre se dio unos cuantos tragos y no hizo otra cosa, que jorobar más que un ratón dentro de una lata por todo el camino —dijo Franco.

—De modo que por esa razón fue que tardaron tanto tiempo en llegar— reafirmó don Justo.

—Sí, así fue realmente —dijo Franco, mientras nos ayudaba a bajarnos de la camioneta.

Por otro lado, mi madre permanecía callada y con la cara más larga que una higuera y en esos

Momentos también parecía arrepentida de haberse mudado a esa casa de mi hermano Franco. Ella pensaba que ya mi padre había comenzado a aprovecharse de ella por haberla mudado, lejos de su familia y estaba comenzando a enseñarle las uñas. Pero ya era muy tarde para pensarlo, o para remediarlo —bueno eso fue lo que me dijo.

—No te preocupes mija'. Ya has llegado con tu familia y eso es lo que importa. Ahora sube a la casa con tus hijos para que coman algo y se acuesten a descansar —dijo Franco como si hubiese adivinado lo que ella estaba pensando.

La esposa de Franco y su mamá salieron a recibirnos muy contentas.

—"Ven Franco sube con Lía y los nenes para que coman y después bajas a subir las cosas que trajeron" —dijo mi cuñada Bernardina, contenta porque ya habíamos llegado a la casa.

—Ahora no puedo subir a la casa, ni tampoco puedo comer nada, sin antes ocuparme de papá que viene ahí dormido, pasando la juma que se pegó por el camino y subir las cajas de las cositas de Lía y de los nenes. Pero no te preocupes nena, que enseguida que termine subo a comer aunque no se me antoja comer nada a esta hora —respondió Franco.

Cuando se estaba acercando a la troca vio a papá bajándose de ella.

— ¿Creíste que yo estaba dormido canto de bribón y que no escuché lo que estabas diciendo de mí? No digas boberías de tu padre que yo no estoy borracho ni cosa que se parezca. Lo que estoy es molido con el viaje—balbuceaba papá.

<<De pronto me sorprendió mi padre al verlo bajarse de la troca y más sobrio que nunca. Parecía que no se había dado un solo trago.

---

[7]   camioneta

Los dos señores que estaban esperándonos, como conocían muy bien a mi padre no le hicieron ningún tipo de pregunta para que subiera tranquilo a la casa. Entonces sin prestarle atención alguna, se dirigieron a donde estaba mi hermano.

—Perdonen ustedes señores, pero con el mal rato que he pasado por el camino y con los deseos que tenia de llegar a la casa, se me había olvidado presentarles a la esposa de mi padre y a mis hermanitos.

—Si supongo mijo. No te preocupes por eso: dijo don Justo.

—Entonces mamá un poquito nerviosa y agradecida por la gentileza de los señores, alargo su mano diciendo: —me da mucho gusto conocerles; aunque en un mal momento, pero aun así les estoy inmensamente agradecida por haberse tomado la molestia en venir a recibirnos.

—No, no hay ninguna molestia, al contrario, para mi es completamente un placer conocerla y aquí me pongo a su orden. Para lo que sea doñita —dijo don Justo.

—Sí señor. Lo voy a tener en cuenta. Gracias por todo.

En el momento en que mamá se estaba despidiendo de los señores, apareció papá diciendo: —Bueno señores; ¿Qué está pasando aquí y que hacen enfocándole la cara a uno con esos quinqués? ¿Acaso se murió alguien o van a sacar un entierro?

—Perdone usted don Julio y don Justo, esos comentarios que ha hecho mi marido. Sinceramente les digo que hoy no ha sido un buen día —dijo mamá muy apenada.

—No se preocupe doñita. A ese señor lo conocemos como a la palma de nuestras manos y todos aquí en el barrio somos una familia y sabemos lidiar unos con otros. Usted sabe. ¡No verdad que sí! Ahora vaya a descansar con esos niños que ya lo peor pasó.

—Adiós doñita —dijo don Julio.

Adiós... hasta mañana —dijo don Justo.

—Que tengan buenas noches señores—respondió mamá con cariño.

—Bueno señores, siento muchísimo todo esto que le dijo mi padre. Ustedes no se merecen ese trato. Parece increíble de lo que es papá capaz de decir cuando está ebrio —dijo Franco algo avergonzado.

—Eso es así muchacho. Mejor vete a descansar y hablamos mañana de este asunto, que ya es muy tarde —dijo don Julio.

Diciendo estas últimas palabras, los vecinos se retiraron. Entonces mi hermano Franco y mamá asombrados por el comentario que había hecho mi padre, cogieron algunos bultos de la troca y se dirigieron a la casa. Mis hermanos y yo caminamos detrás de ellos a toda prisa.

—Solo confío en que papá se vaya a dormir y no siga bebiendo—dijo Franco.

—Yo también confío en ello. "Pues para lo que falta que venga el resto". Ahora lo que más importa es que llegamos a la casa, salvos y sanos —dijo mamá haciéndose la señal de la cruz y dándole Gracias a Dios por haber llegado a nuestra nueva casa.

— ¡Caramba mijo! Dios permita que aquí en esta casa, yo pueda encontrar un poquito de paz y que esta noche logre siquiera dormir unas cuantas horas, para que se me quite un poco este cansancio, y pueda amanecer bien mañana para seguir luchando.

Consternada un poco y temblando de miedo por la oscuridad y por haber llegado a un sitio desconocido me arreguindé del brazo de mi padre para poder subir las escaleras de la casita. El me sostuvo por la cintura y me puso dentro de la casa, luego cogió a mi hermanito más pequeño y se lo trepó en el cuadril izquierdo y se dirigió a la puerta de la casa. En ese instante, cuando los vi a todos entrar en la casa y cerrar la puerta de la entrada de la casa, respiré profundamente y me sentí más tranquila aunque el dolor de cabeza que estaba sintiendo, se hacía cada vez más severo.

A pesar de todo, me alegraba haber llegado a la nueva casa y también porque ahora podía encontrar un rinconcito para tirarme a pasar aquel dolor de cabeza y a donde no pudiera ver luz alguna y ni tan siquiera escuchar el cantar de los pájaros. Tal vez estaba anhelando demasiado en ese momento y sobretodo en esas circunstancias. Pero esos eran mis mayores deseos.

No puedo negar ni ocultar que me sentía rara, he incomoda en un hogar que en ese instante para mí era totalmente desconocido, y que aun sabiendo que era de mi padre, lo encontraba ajeno. Sentía que a nosotros no nos pertenecía. Sentía miedo. O, sea, un presentimiento espantoso, como si allí hubiera algo malo, misterioso y que en cualquier momento iba a suceder una desgracia.

En verdad no sé si era el fuerte dolor de cabeza, que me hacía ver las cosas de otra manera y pensar así, pero en realidad, en vez de sentirme feliz y segura, porque había venido a vivir con mi padre, era todo lo contrario; me sentía asustada y algo confundida; presintiendo lo peor. Pero por otro lado; respiraba profundamente porque al fin ya no tenía que seguir soportando las injurias de mi abuela materna. Y, además porque al fin habíamos llegado a nuestra nueva casita.

El largo y fastidioso viaje por aquella carretera, el calor sofocante, todos los malos ratos, que mi padre nos hizo pasar por el camino y la desesperación por llegar a la casa; me habían provocado una fuerte migraña. En ese preciso momento lo único que quería era encontrar una camita en un rincón oscuro para poder acostarme sin ver ni escuchar a nadie hablar. Todo me irritaba y me aceleraba más el dolor de cabeza; inclusive mi madre y mis hermanitos. En cuanto a mis padres lo que más deseaba era que ambos se recogieran a dormir lo antes posible, para no oírlos discutir por el resto de la noche. Especialmente mamá que era la que más le gustaba gritar y discutir y lo que menos deseaba era escuchar su estruendosa voz.

Mamá se dirigió a la cocina, acompañada por mis hermanitos. Allí estaba mi cuñada con su mamá (doña Pura). Ambas estaban esperándonos con los brazos abiertos y con una comida que habían preparado, especialmente para todos nosotros.

Bernardina, se acercó a mi madre, y le dio un beso en el cachete derecho. Mamá también le correspondió con otro beso, y de inmediato se abrazaron fuertemente. Luego Berna, se dirigió a mis hermanos y con mucho amor y ternura, le dio un besito a cada uno de ellos. Después se dirigió hacia a mí, diciendo: ¡Que lindos y grandes están tus nenes! ¡Y, mira palla[8]* qué hermosa y grande está la nena! La verdad que está casi echa una señorita. Entonces yo me le acerqué y ella enseguida me dio un beso y al mismo tiempo me abrazó fuertemente; aunque un poco incómodo, debido a que la enorme barriga que tenía le impedía apretarme junto a su cuerpo.

Doña Pura también vino y le dio un beso a mi madre y ella también le correspondió con otro. Luego trató de darle un beso a mi hermanito más pequeño, pero él le cogió miedo y se agachó sobre el pecho de mi madre y no se lo permitió. Entonces yo para cubrir el desplante que le había hecho mi hermanito, la jalé de la falda y ella se bajó y me abrazo fuertemente.

Sentí alegría y a la vez tristeza, al volver a ver la esposa de mi hermano Franco. La pobre joven mujer, estaba a punto de dar a luz a su primer hijo. No se veía muy bien de salud. Su rostro estaba caído, pálido, se veía cansada y casi no podía ni caminar. Sus grandes ojos negros, se veían hundidos y sin brillo. Pero aun así no aparentaba fealdad alguna. Aún conservaba su larga y bella cabellera negra, que en ese momento, la llevaba suelta; dividida en medio de su cabeza y cubriéndole parte de su cara; la cual le servía para ocultar un poco su demacrado rostro y las ojeras negras, que afeaban sus enormes ojos.

---

8   Para allá

Mi madre después de contemplar a mí cuñada de arriba y abajo; no pudo dejar de exponer sus dudas y comenzó a serle unas cuantas preguntas:

– ¡Oye…tu muchacha! ¿Qué te pasa? ¿Acaso tienes anemia? Te ves demacrada y decaída. Tal parece que el embarazo no te va muy bien –le decía mama tristemente–.

– En eso no te equivocas. Como puedes ver, esta tremenda barriga que tengo está acabando con mi vida. Casi todo lo que como me cae mal. Especialmente las carnes y los huevos. Pues ni siquiera los puedo oler, porque enseguida comienzo a devolver hasta las tripas. Lo único que puedo comer son frutas y algunos vegetales, pero eso no es una buena alimentación, para una mujer embarazada. Pues no te miento Lía. Tengo una mala barriga y te juro que me está matando.

Bueno; vamos a dejar la conversación de mi embarazo para otro día; y ahora ven con los nenes y siéntate con ellos en la mesita, para que comas y le des de comer a los niños. Me imaginé que iban a llegar bien tarde y con hambre. Por eso, le pedí a mami que me ayudara a prepararles comida.

–No sabes tú cuanto te lo agradezco, Bernardina; pero no creo que a esta hora de la noche, los nenes quieran comer algo, además de eso, yo le traje pan con queso, galletitas, papitas y unos sorullos de maíz, que les hice, para que comieran durante el viaje. Así es que ellos han venido pellizcando cositas por el camino.

Ahora, lo único que quiero es, darle unas botellitas de leche caliente, para después llevarlos a dormir; pero si no es molestia alguna, me presta el fogón, para poner a hervir, una cacerolita con agua y preparar esta leche a los nenes, para que se las tomen antes de que se me queden dormidos.

–Bueno Lía, no sé por qué me hablas de coger prestado; si bien sabes que esta también es tu casa, y todas las cosas que hay aquí, también son tuyas. Anda; dame esa lata de leche acá, que yo se la voy a preparar. Mientras tanto, ve al cuarto con los nenes, que ahí está mi hija arreglando las camas, donde van a dormir. Me imagino que han de estar bien cansados." –dijo doña Pura con amabilidad.

– ¡Cristiana de Dios, cansancio es poco! Estamos casi muertos. No sabe usted, todos los malos ratos que hemos pasado por el camino. Para colmo, la nena se me enfermó con un dolor de cabeza tan fuerte que la pobrecita a penas lo ha podido soportar. Ese dolor de cabeza la transforma por completo. Le comienza con dolor en la vista, mareos y nauseas. De veras te digo que en este momento lo único que ella desea es tirarse en una cama y que nadie la moleste. Por eso no creo que vaya a probar comida alguna. Cuando le dan esos dolores de cabeza ella no puede comer nada y si come lo devuelve en seguida. Entonces es mejor que no coma nada porque se pone peor.

–No te preocupes por eso. Ya mismo le voy a preparar un guarapo bien caliente y también le voy a colocar, unas hojas de salvia con cebo blando, sobre su frente y va usted a ver como ese dolor de cabeza se le va a quitar –Dijo doña Pura sintiéndose muy segura de lo que estaba diciendo–.

–Gracias, muchas gracias doñita. No sabe usted cuanto se lo voy a agradecer. –le dijo mamá muy amablemente.

–No tienes que darme las gracias. Todo lo hago con mucho gusto. Además aquí vamos a estar en familia, y dispuestas a ayudarte a ti y a los niños en todo lo que sea posible. Aparte de eso, aquí ustedes están todos en su casa. Las arrimadas somos nosotras. –dijo doña Pura un poco apenada.

No, doñita, no diga usted esas cosas, porque aquí los intrusos y los arrimados somos nosotros, que hemos venido a invadirle el hogar de su hija y el de mi hijastro."

– ¡Hay, Jesús mil veces! ¡Cómo te da con decir eso! No lo vuelvas a decir ni jugando y mucho menos que tú marido te oiga decirlo –dijo doña Pura un tanto asustada–.

Doña Pura sin hacer más comentarios, cogió un quinqué, y salió por la puerta de la cocina, dirigiéndose al patio. Luego regresó en menos de cinco minutos con hojas de salvia, menta, yerba buena, manzanilla y con un pedacito de jengibre. Entonces cogió los brebajes que traía, y los puso a hervir en una cacerola.

Mientras doña Pura, esperaba a que hirviera el guarapo, decía: –De modo que yo creía que esas jaquecas, le daban solamente a los viejos como yo, y no a los niños; que viven en un mundo infantil sin perjuicios y sin problemas en que pensar; o por quien preocuparse. Entonces: ¿tú crees que es jaqueca lo que tiene la niña?–preguntó doña Pura insegura–.

–Bueno, lo que pasa es que esta niña, padece de dolor de cabeza y con todos los malos ratos que ha pasado por el camino, se le ha complicado –dijo mamá.

– ¡Ah…pobrecita! La compadezco. En eso estoy de acuerdo contigo. No hay nada peor que las mudanzas y traficar por esos rumbos. –Dijo doña Pura–.

<<Yo me sentía morir y lo único que deseaba en ese momento era, que tanto mi madre como la señora, dejaran de hablar y me llevaran a la

cama a donde iba a dormir. Quería acostarme y olvidarme hasta de mi existencia. Bueno, la cosa fue que no pude permanecer más tiempo de pie y me acosté en el piso.

La señora sorprendida por haberme acostado en el piso inmediatamente me levanto y entre ella y mi mamá me llevaron hasta la cama. En eso doña Pura muy amable me dijo: –"trata de relajarte un poco nena en lo que yo te preparo un guarapito*[9] [té] para que te lo tomes–. Estoy segura que con el guarapo, las dos córtales y las hojas de salvia caliente con sebo blando, que te voy a colocar en la frente, se te quita ese dolor de cabeza. Ahora tienes que estar tranquila y no pensar ni preocuparte por nada.

Estaba ya casi dormida cuando entró doña Pura a traerme el guarapo y a ponerme las vendas. –Mira mamita–, tomate este guarapito y deja que te ponga estas vendas para que mañana amanezcas bien, porque te voy a llevar a conocer las niñas y los niños que van hacer tus nuevas amiguitas. La verdad que son unas vecinitas muy buenas y están deseosas por conocerte.

– ¡Ah, pues bien! Ya mismo las quiero conocer. Entonces apúrese con ese bendito guarapo, que me lo voy a beber de una vez; aunque me sepa a hiel –le dije muy entusiasmada–.

Doña pura, me dio la tacita con el guarapo (té) y me agarré la nariz para no olerlo y sin vacilar un segundo, me lo tomé. Entonces me acosté en la camita, para que doña Pura me colocara las vendas, sobre mi frente.

¡Qué bueno, que la niña se tomó todo el guarapo, sin protestar! Dios quiera que se le quite ese dolor de cabeza y que se quede dormida y no despierte en toda la noche –dijo mamá esperanzada.

–Eso no hay ni qué dudarlo. Vas a ver que se va a quedar dormida y no va a despertar hasta mañana. Yo también padezco de ese fastidioso dolor de cabeza y con esos remedios es que me lo quito. –Reafirmó doña Pura–.

Pues necesito que usted me haga el favor, de darme ese remedio, para hacérselo a la niña y quitarle ese dolor de cabeza de una buena vez –persistió mamá.

–Probablemente me has interpretado mal, Lía. En ningún momento te he dicho que ese remedio que le hice a la niña se le va a curar el dolor de cabeza, ni que se lo va a quitar para siempre; sino que esos remedios, pueden quitarlo por el momento, o simplemente lo alivia.

---

[9]   Té

Fíjate, que yo vengo padeciendo de ese bendito dolor de cabeza, desde niña y no he podido encontrar medicina, ni remedio alguno, que me lo cure –dijo doña Pura–.

La entiendo muy bien Purita, y estoy de acuerdo con usted. Creo que ese es un mal incurable. De igual manera, hemos tratado cuanto remedio hay, con la niña; pero… de nada le ha servido. Ese dolor es demasiado fuerte y no se le quita fácilmente. Ahora, Lo único que aparentemente, se lo calma un poco, es: una taza de café con unas cuantas gotas de limón, las pastillas que le da el médico, en cerrarse en un cuarto oscuro y con los ojos vendados, para que no le moleste la luz Porque la luz, se lo empeora aún más.

– ¡Que buena y amable es tu mamá! Tengo que darle las gracias por ese guarapo que le dio a tomar a la nena y al mismo tiempo, preguntarle de qué plantas fue que lo hizo, para yo también hacérselo y dárselo a tomar la próxima vez que se le pegue ese dolor de cabeza.

Tú no sabes cuánto quiero a esa nena y lo mucho que sufro y me preocupo cada vez que se me enferma con ese terrible dolor, que casi la vuelve loca.

–Bueno, ahora me disculpas. Voy a la cocina a despedirme de tu mamá y después llevo los niños a dormir, antes de que su padre suba a la casa y los encuentre despiertos, corriendo por ahí –dijo mamá preocupada.

Eso ni se diga. Es lo mejor, que debemos hacer. Retirarnos a dormir ahora mismo, antes de que venga tu marido a formarnos un revolú[10]. Ahora, me voy a ir por la puerta de la cocina para que el don no me vaya a ver salir. Si acaso me necesita, no vacile en ir a buscarme.

– Gracias por todo.

Hasta mañana Lía. –Hasta mañana –dijo mamá en voz baja mientras la acompañaba hasta la puerta–.

Después se fue al cuarto donde estaba mi cuñada, arreglando las camas, que íbamos a dormir.

Cuando entró al cuarto, y vio lo que estaba haciendo Berna, enseguida salió diciendo:

–Deja esas camas así como están, que yo termino de arreglarlas, y ve a dormir y a descansar muchacha. Debes estar muerta del cansancio. Mira la hora que es y tú en esas condiciones en que te encuentras, aun sigues en pie –dijo mamá muy conmovida.

---

[10]   escandalo

—No te preocupes, que esto que estoy haciendo por ti y por los niños, no me molesta en lo absoluto; al contrario, mientras más tarde me acueste a dormir mejor, porque cuando me acuesto temprano, esta criatura que llevo en mi panza, comienza a patear y casi no me deja dormir". —Le contestó Berna—.

—Eso es así. Y, más a ti que eres primeriza. La primera barriga siempre es la peor, pero ya vas a ver que cuando vayas a tener el segundo embarazo, no te vas a sentir tan mal como para este que llevas ahora.

—le decía mamá para alentarla—.

—No creo que haya otro embarazo; con este me basta y me sobra. Es más, si yo hubiese sabido lo mal que me iba a ir con este, te juro que ni me caso —dijo Berna disgustada.

—Bueno, creo que ya es demasiado tarde para pensarlo —reafirmó Berna—.

—Eso es así muchacha. Una siempre dice esas cosas cuando se encuentra en aprietos. —Bueno, ahora ya has hecho demasiado por el día de hoy—. Ve a tu cuarto y aunque no duermas nada, te vas a la cama y te acuestas a descansar —le dijo mamá preocupada por el embarazo de Berna—.

—No te preocupes por nada Lía. Ustedes también son mi familia y me siento feliz de que hayan venido. Mas ahora en este tiempo cuando más falta me han hecho. ¡Aun no sabes lo contenta que estoy de que estén aquí conmigo! Bueno; ahora sí que me voy para que tú y los nenes, puedan descansar —dijo Bernarda despidiéndose de mi madre dándole un beso en el cachete, y otro a mí que aún permanecía despierta, con toda mi cara vendada por las hojas de salvia que me había puesto su mamá.

CUATRO

UN NUEVO AMANECER, un nuevo día y el comienzo de una nueva vida, en un lugar distinto al que ya me había acostumbrado. Me detuve a observar todo a mí alrededor, y a escuchar el cantar de los gallos en esa mañana, los perros ladrando a todos los que por allí pasaban, el relinchar de los caballos y hasta el ruido que salía de los calderos, que fregaban y movían de un lugar a otro en la cocina. En fin todo me parecía extraño.

Mi dolor de cabeza, había desaparecido y en ese momento lo que más se me antojaba era una taza de café con leche, para alentar el horrible mal de estómago que sentía. Sin perder más tiempo, me fui de inmediato a la cocina, en busca de mi madre para que me diera café. Efectivamente, allí estaba ella, sirviendo un platito de avena a mis hermanitos que esperaban ansiosamente sentados en el piso.

—Vengan a la mesa mis hijos; para que se coman la avena que les hice —dijo mamá—.

—mira ahí viene la nena esa, a comerse la avena sin lavarse la trapo de boca y sin peinarse las greñas —dijo mi hermano Josué.

—Óyeme zángano, yo no quiero avena. Te la puedes comer tú por mí —le dije molesta—.

Mi madre se molestó muchísimo por lo que le dije a mi hermano y enseguida me agarro fuertemente por un brazo y me llevó a que me lavara la boca y la cara. Después me dijo: —"Mira muchachita, es mejor que te portes bien con tus hermanos y no sigas hablándole así, porque la próxima vez que lo hagas, te doy dos cantazos con la correa. Así es que aprende a respetar"

De pronto me entró un mal presentimiento. Me llené de pavor y de inseguridad. Presentí que algo malo estaba a punto de ocurrir. Algo alucinante e inesperado. En fin, ese mal presentimiento me estaba robando mi paz y mi tranquilidad. En otras palabras; no me dejaba observar detenidamente y mantenerme serena en el hogar que siempre había anhelado junto a mi padre.

Algo sobrenatural doblegaba mi espíritu; pero el ego que habitaba en mí, fuertemente me gritaba: No temas a las cosas ocultas y misteriosas; ni dejes que obstruyan tus pensamientos, tu sentir y tu camino. Se fuerte y no te dejes sobrellevar por los obstáculos visibles e invisibles; que solo sirven para amedrentar, empañar y perturbar la mente de los más débiles. ¡Ha, pues bien! Seguía repitiéndome; no te pierdas en el vacío, ni dejes que la duda duplique tu inseguridad. Da un paso adelante. Abre bien tus ojos y tu mente y busca la manera de salir de ese encierre y no sigas dándole casco a esas cosas estúpidas, que te detienen y te hacen flaquear.

¡Ah, pues bien! Entonces traté de meditar por unos cuantos minutos para despistar los malos pensamientos y recopilar los sucesos de mi vida anterior y desarrollar una nueva estrategia que me pudiera servir para dejar el miedo atrás y de esa manera poder lidiar con los problemas y lograr vivir mejor el presente y mi vida futura.

Me encontré sola en aquella habitación. Sentí curiosidad por salir de aquel aposento e ir a recorrer todos los rincones y los alrededores de la casa. Al mismo tiempo saber a dónde estaba mi madre y mis hermanos. También averiguar qué había pasado con mi padre y si aún todavía estaba durmiendo la borrachera. Desesperada por enterarme de todas esas cosas, salí casi corriendo del cuarto. Como la casa era tan pequeña, no tardé mucho tiempo en encontrarme con mis hermanitos.

– ¿Y, mamá? ¿A dónde está? ¿A dónde fue? –Le pregunté a mi hermano Josué–.

–Está ahí, en esa casita. –Me respondió Mark preocupado.

Sin perder tiempo alguno, me dispuse a caminar hacia la casita; pero mi hermano Mark se fue tras de mí y me agarró fuertemente por un brazo, y me detuvo.

–No puedes entrar en esa casa ahora. Mamá y papá me dieron órdenes para que no los dejara entrar a ninguno de ustedes. –me dijo asustado–.

–Pero... ¿por qué? Yo quiero ir con mamá. –le dije.

–La verdad que tú eres bien terca y no entiendes nada, Luce.

– ¿Dime que es lo que pasa? ¿Y qué es lo que yo no entiendo nene? – le pregunté alarmada.

–Mira nena, comenzó diciéndome: –Lo que pasa es que Bernardina se puso mal. Creo que hoy va a dar a luz. –Allá adentro está mamá, doña Purita y una señora que trajo papá.

– ¡Ay, Dios mío! Y papá y Franco, ¿también están allá adentro con ella? –le pregunté muy asustada–.

–No niña. Ellos se fueron al pueblo a buscar unas medicinas. – me dijo mi hermano Josué, que estaba sentado, enfrente de la puerta de la casita.

Luego sentí el ruido de un carro y eran ellos que regresaban en ese mismo instante. Inmediatamente, se bajaron de la camioneta cargando unas bolsas, y sin perder tiempo alguno, ambos entraron en la casita del fondo donde estaba mi madre con Bernardina.

El tiempo pasaba y pasaba y nosotros allí inquietos y sin saber lo que estaba pasando allá adentro.

En ese momento, mi hermano Mark, se puso muy nervioso y dijo: –ya ha pasado mucho tiempo y nadie sale a decirnos nada. Vamos a acercarnos a la casita, en la punta de los pies. Y, sin hacer ningún ruido, nos escondemos debajo de la casa, para que no nos vayan a oír ni a ver. Así podemos escuchar lo que está pasando allá adentro y también para saber si ya nació él bebe.

Caminamos lentamente uno tras del otro y nos metimos debajo de la casita. Tuvimos que meternos bocabajo porque los socos de la casita, no eran muy altos. De pronto escuchamos los gritos de un recién nacido, y luego a mi madre diciendo: –Es una niña–. Gracias a Dios que ya nació. ¡Mírela doña Purita! Es una hermosa niña. Pero aparentemente, doña Pura no escuchó bien lo que mi madre le dijo; debido a que en ese mismo momento en que mi madre le estaba hablando, ella parecía estar muy distraída, haciendo unas oraciones a la Virgen María, para que su hija saliera bien de su alumbramiento.

Doña Pura no dejaba de repetir en voz alta:

– ¡Dios mío! ¡Virgen María! ¡Te ruego que ayudes a mi hija, para que salga bien de su parto y no le vaya a pasar nada malo! También escuchábamos a mi hermano y a mi padre diciendo: -¡Dios Mío! ayuda a esa pobre muchacha, para que salga pronto de ese parto. Por favor te lo pido. Que no corra peligro y que no vaya a perder su criatura o a morir. Dios todopoderoso pon tus santas manos para que mi querida esposa tenga pronto a su bebe y para que no le suceda nada malo.

–Al fin y al cabo, todas esas oraciones y exclamaciones nos tenían los nervios de puntas y como no podíamos subir a la casita, para enterarnos de lo que estaba pasando, esto nos preocupaba y nos asustaba muchísimo.

De pronto sentimos a doña Pura gritando y a mi hermano Franco. En fin, un revolú grandísimo, porque aparte de que gritaban, daban puños y patadas en las paredes y en el piso.

Yo no pude esperar más–dije, al fin, subí corriendo a la casita para enterarme de lo que estaba pasando. Mis hermanos me siguieron y entonces tratamos de ir directamente al cuarto que estaba Berna; pero mi hermano Juanjo, hacía poco que había llegado y estaba parado en frente de la puerta de la casita y de ninguna manera nos quería dejar entrar.

– ¿Qué está pasando hermano? ¿Por qué nos estás empujando y no quieres que entremos al cuarto? Yo quiero hablar con mamá; le dije pensando que me dejaría entrar a mi sola, pero en ese mismo instante salió mi madre del aposento con la recién nacida en sus brazos y en voz muy baja nos dijo: ''vengan acá mis hijos; vamos para la casa que ustedes no pueden estar aquí; además si su padre los alcanza a ver les va a pegar. Vámonos de aquí enseguida y en la casa les voy a decir que es lo que está pasando con Berna.'' Como nosotros estábamos ansiosos por enterarnos de lo que estaba pasando y emocionados al ver a mamá con la criatura en sus brazos, no vacilamos ni un solo segundo y nos fuimos a la casa calladitos y a toda prisa, detrás de ella.

Bueno hijitos,

Ahora ustedes me van a escuchar con mucho cuidado y bien calladitos. No comiencen a formar un escándalo ni a dar gritos cuando yo les cuente lo que pasó. Ahora bien, recuerden lo que les dije.

Bueno, niños hoy en esta casa, ha ocurrido una gran tragedia. Bernardina después que dio a luz a esta pobre criatura, murió. En realidad, no les puede decir más… porque en verdad todavía no lo puedo creer; ni se exactamente qué fue lo que le produjo la muerte. –Esto que está pasando aquí hoy…es una horrible pesadilla–.

No tienen ustedes ni la menor idea, de cómo se sienten sus padres y su hermano Franco, en estos momentos. Es algo muy espantoso y difícil de creer… la única noticia buena que les puedo dar ahora, es… que nos ha dejado esta hermosa niña aunque no se por cuánto tiempo…solo Dios lo sabe.

–Vengan conmigo; que voy a recostar esta criaturita sobre la cama para que la puedan ver bien. Pero eso sí; les advierto que solamente la van a poder mirar sin tocarla.

De pronto yo sentí que se me quería salir el corazón del pecho. Me puse bien nerviosa y muy asustada. Sinceramente les digo, que se me hizo imposible creer y aceptar que mi cuñada hubiese muerto, sin ni siquiera haber tenido, la oportunidad, de compartir más tiempo con ella.

Sin perder tiempo alguno, y aprovechando que mamá estaba muy entretenida, mostrándole la niña a mis hermanos; salí a toda prisa del cuarto y me dirigí a la casita de mi hermano Franco, ocultándome detrás de unas matas de guineo, para evitar que las personas que estaban en el patio de la casa, no me fueran a ver.

Mi madre, como estaba muy entretenida con la recién nacida, y con mis hermanos, ni siquiera se dio cuenta de que yo había salido de la casa.

Al llegar a la casita, no me atreví a entrar en ella,

Por miedo a que mi padre me fuera a ver, y me regresara a la casa de mala manera. Entonces me fui por la parte atrás de la casita y me asomé por la ventana del cuarto, que estaba media abierta. Cautelosamente, me escondí detrás de ella para que nadie me fuera a ver.

Entonces alcancé a ver el cuerpo de Bernardina acostado en la cama. Estaba cubierta de los pies a la cabeza con una sábana blanca manchada de sangre. Recostado sobre su cadáver, estaba mi hermano Franco, llorando amargamente. En el otro extremo de la cama, estaba sentada en una butaca vieja la madre de Bernardina llorando desconsoladamente, mientras cuestionaba a Dios diciendo:

¿"Por qué Dios mío, me has quitado a mi hija? ¿Por qué has sido tan injusto con ella y conmigo? ¿Dime por qué no le has permitido que viera y criara a su hijita? ¿Por qué? ... ¿por qué dime? ¿Por qué te has llevado a mí hija de mi lado?"

Entonces para colmo de males, y agravar más mi terrible espanto, vi una ponchera blanca, con agua ensangrentada debajo de la cama, y a doña Ramona (la comadrona) con su vestido blanco y manchado de sangre, caminar de un lado a otro, mientras nerviosamente, se pasaba las manos por su cabellera blanca risada.

Bueno, cuando vi a mi cuñada inmóvil con la cara tapada, tirada en la cama, arropada con aquellas sábanas blancas manchadas de sangre, y al ver aquella lamentable, dolorosa y espantosa escena; no pude seguir dudando de que en verdad mi cuñada había muerto.

En ese momento un miedo espantoso se apoderó de mí. Me sentí confundida sin saber qué hacer ni que pensar.

Me quedé perpleja mirando toda aquella horrible tragedia que acababa de ocurrir en mi casa y con un ser muy querido. Entonces llena de desesperación y sin poder aguantar más, comencé a gritar.

Mis hermanos y mi madre, al escuchar mis gritos, corrieron a mi lado, y entonces todos comenzamos a gritar a un mismo tiempo. Los gritos eran tan seguidos y tan fuertes, que en menos de media hora la casa se llenó de gente, porque los vecinos, al escucharnos gritar, vinieron todos corriendo a la casita, para ver qué era lo que estaba pasando.

Cuando se enteraron de la muerte de mi cuñada todos se sintieron muy alarmados por la noticia y muy apenados. Comenzaron hacer muchísimas preguntas, relacionadas con el parto y la muerte de mi cuñada. Inmediatamente se pusieron a la disposición, para ayudar a mi padre y a mí hermano Franco, con los preparativos del velorio y del entierro de la difunta Bernardina.

El día del entierro fue todo un acontecimiento. La despedida en la fosa fría, fue muy triste y dolorosa; especialmente para la madre de Bernardina, que calló desmallada sobre la tumba y para mí que fue la primera vez que presenciaba el entierro de un ser querido.

Mi hermano Franco ni se diga; estaba que parecía un zombi. No hablaba con nadie; ni siquiera levantaba su vista para mirar a las personas que se le acercaban para darle el pésame.

El impacto de tanta gente y el dolor tan grande que estaba sintiendo por la muerte de su querida esposa, lo había dejado muerto en vida. Se veía tan mal y tan deprimido; el pobre hermano mío, que tal parecía que no sabía ni en donde estaba parado en esos momentos.

Aparte del dolor inmenso que sentía en su alma, también le ofuscaban y le llenaban de angustia, los comentarios de la gente.

"No puede ser... decían algunos de los vecinos. No podemos creer que esa muchacha tan joven haya muerto." Unos que otros decían y preguntaban: << "¿Cómo fue que murió? ¿Qué le ocasionó la muerte? ¿Por qué rayo no la llevaron a dar a luz al hospital y la dejaron que pariera en la casa con esa vieja partera que la dejo morir?>>

En fin, mis padres y los de Berna contestaban algunas de las preguntas, aunque ellos también estaban muy afectados, doloridos y confundidos. Además ni siquiera ellos sabían a ciencia cierta de que había muerto la pobre mujer.

Mi padre un poco molesto con tantas preguntas, irónicamente comenzó a contestar algunas de ellas diciendo: —no sé cómo es que ustedes sabiendo por la situación en que estamos pasando, se atreven a seguir haciendo tantas y tantas preguntas; que si vamos a ver en estos momentos, no vienen al caso.

—De favor les pido que ya que han venido a compartir y a cumplir como buenos amigos, se limiten a no seguir incomodándonos con tantas preguntas. De eso si les digo señores, que este en verdad no es el momento adecuado para hacerlas.

— ¡Válgame Dios; ni que fueran ustedes detectives! Pero valga la redundancia y ahora que se me han subido los tragos a la cabeza; me gustaría saber; ¿cuántos de ustedes; si es que se acuerdan… nacieron en un hospital asistidos por un médico, o en la casa con una comadrona?

Yo echando el burro a delante; les soy honesto y sincero diciéndole que nací en una choza y en un petate con una vieja comadrona que apenas veía lo que estaba haciendo. De igual manera nacieron todos mis hermanos y también casi todos mis hijos.

Ahora, lo demás se lo dejo de encargo, para que ustedes mismos comiencen a averiguar cómo y por qué fue que murió mi difuntita del alma." ¡Ah, caray! Y… si aún no están satisfechos con todas esas cosas que les he dicho; aquí está la comadrona para que les corresponda a sus preguntas. Además ella mejor que nadie les puede dar esa información, debido a que la asistió en su parto y estuvo presente a la hora de su muerte.

La partera, al verse atacada por todos, salió en su defensa diciendo: "Miren señores, yo no tengo la culpa de que la muchacha se haya muerto. La pura verdad, que después que salió la criatura también comenzó a salirle la sangre a chorro. Yo jise[11]* lo que pude pa*[12]' parársela pero por más que trate no pude y la pobrecita se me murió desangrándose. La verdad les digo a ustedes, que a mí esto me ha dejao[13]* con la boca abierta. Es lo peor que me ha pasao[14]* en toda mi vida.

Mi padre, un poco molesto por las inquietudes y curiosidades de los vecinos; se puso de pie y acercándose a la difunta, saco un rosario negro, que tenía en su bolsillo de la camisa y comenzó a rezar el Santo Rosario, diciendo en alta voz: Por la señal de la Santa Cruz…, Dios nuestro…, continuo rezando y enseguida todas las demás personas que estaban sentadas en la salita se levantaron de sus asientos y comenzaron a acompañarle a rezar el Santo Rosario. Mientras ellos rezaban la madre de la difunta y mi familia no cesaba de gemir y las demás personas que estaban en el patio, se bebían el palo de ron caña sin dejar de murmurar en voz baja, la inesperada muerte de mi cuñada.

La verdad del caso, que yo no sabía que mi padre fuera tan buen rezador y que pudiera expresarse tan lindamente y con tanta religiosidad a Dios y a los difuntos. Pues no les puedo mentir; que su forma de actuar

---

[11]   hice

[12]   para

[13]   dejado

[14]   pasado

y de rezar todos los rosarios, me dejo maravillada y al mismo tiempo me sentí muy orgullosa y digna de ser su hija.

No era nada fácil, ni agradable no poder ver ni compartir más tiempo con mi cuñada. Me causaba malestar regresar a la casa y no encontrármela. Todo se veía muy triste y desolado. Hasta las flores del jardín parecían marchitas y sin olor alguno. Me sentía incomoda, deprimida he inconsolable. Ni siquiera tenía deseos de pedirle con fe a Dios para que me diera un consuelo; porque en ese momento me sentía molesta con él, por haberse llevado a mi cuñada tan de prisa, y no haberme permitido más tiempo con ella.

De tan solo pensar, y ver la tristeza y el sufrimiento tan grande, que se reflejaba en el rostro de mi hermano viudo, me llenaba de tristeza y de amargura.

Sin duda alguna; la primera semana en mi nueva residencia, fue una terrible pesadilla. Todas las cosas me parecían fuera de lo normal. La muerte inesperada de mi cuñadita, su velorio, su entierro y sus novenarios hechos en mi casa cada noche.

Mi padre, era el que guiaba el Santo Rosario. Unas personas; le acompañaban con el Padre Nuestro y el Ave María, otras no podían disimular la pena y gemían de vez en cuando, y los que estaban en el patio de la casa, se empinaban el palo de ron caña, mientras comentaban en voz muy baja el asombroso fallecimiento de mi cuñada.

Los novenarios causaron mucha paz y armonía en mi hogar. También sirvieron para unir un poco a nuestra familia. Al menos, por el momento, al absolver algunas de las diferencias que habían entre mi padre y sus hermanos.

Lo único bueno que ocurrió en medio de la tristeza y del sufrimiento, fue que en muy corto tiempo pudimos conocer y familiarizarnos un poco con nuestra otra familia. Y también conocer a nuestros nuevos vecinos; que dicho sea de paso; enhorabuena Dios los puso en nuestro camino, porque resultaron ser unas personas muy buenas y honestas.

Inclusive esos vecinos llegaron a ser mucho más que unos simples vecinos; sino que siempre estuvieron allí para apoyarnos y ayudarnos a sobrevivir en nuestros momentos más críticos.

Sin duda alguna, el fallecimiento de Berna, fue solamente un adelantito de las demás desgracias que faltaban por venir. Y cuando estas desgracias comenzaron a surgir, esos vecinos buenos y caritativos, estuvieron siempre dispuestos a darnos su ayuda incondicionalmente. En si muchos de ellos, nos socorrieron más que nuestra propia familia.

CINCO

A MI MADRE NO LE GUSTABA mirarse en el espejo y cuando lo hacía, salía diciendo: ¡Que fea soy! Yo soy la hija más fea de mi casa. Nací así tan fea, porque como fui la primera hija, mis padres estaban practicando, y me hicieron comoquiera. Aparte de que me fabricaron fea, mi padre acabó de ponerme más fea de la cuenta. Causándome esta espantosa herida que tengo aquí en medio de mi cabeza y en la frente.

—La verdad que es un verdadero milagro, de que hoy, me encuentre aquí contándoselo, porque esa herida era para matarme.

—Pues sucede de que un día, mi padre, llegó a la casa borracho y muy alterao.* Enseguida que entró por la puerta, comenzó a llamarme a toda boca,* me le acerqué, casi temblando. Pues sospechaba, que no me había llamado, para nada bueno. Entonces le dije: —aquí estoy papa—. ¿Para qué me quería? Entonces, en ese mismo instante, sin vacilar siquiera, levantó el machete bien afilao¹⁵,* que traía en la mano y me pegó en medio de la cabeza causándome una herida larga y profundo.

Enseguida comenzó a salirme muchísima sangre. La sangre me corría a chorro por toda la cara. Quería abrir mis ojos, pero no podía porque la sangre que brotaba de mi cabeza era tanta, que no me dejaba abrirlos. En menos de unos segundos, mi cuello y casi todo mi pecho se habían bañado de sangre. Entonces empecé a ver todo borroso y poco a poco me fui sintiendo sin fuerzas y caí desplomada en el suelo. Como en un sueño escuché a mi madre gritando y diciendo: ¡la mataste…la mataste viejo…! Después ya no oí nada más, ni supe más del mundo.

Con los gritos de mi madre, y de mis hermanos, llegaron algunos vecinos y a esa hora de la noche, me recogieron del piso y partieron conmigo, de inmediato, para el hospital.

El médico, que de casualidad estaba de turno esa noche, hizo hasta lo imposible para poder detenerme el sangrado y al mismo tiempo coser la herida, que me había ocasionado mi padre con el machete. La verdad

---

¹⁵   afilado

les digo, que es por obra de Dios, que hoy pueda estar viva para contarlo. Porque la batalla para salvarme la vida fue bastante difícil, pues había perdido muchísima sangre y en el hospital no había sangre de mí mismo tipo, para remplazar toda la que ya había perdido.

La verdad que no me explico cómo fue que lograron conseguirla. Solo me consta decir que no me tocaba morir ese día. Tal vez porque Dios no quiso que fuese así.

Ahora, ustedes quizás se estén preguntando qué fue lo que hice para merecerme ese machetazo que me dio mi padre. Pues de veras les digo, que mi padre cometió una gran torpeza e injusticia conmigo, porque en verdad yo no había hecho nada malo. Solamente se dejó guiar por un chisme que le contaron acerca de mí.

Ese día, él había salido a cobrar un dinero de unos sacos de café que había vendido y por allá una mala mujer le dijo que yo estaba saliendo a escondidas, a encontrarme con un muchacho llamado Polo. Esas cosas que le dijeron de mí, lo enloquecieron de tal manera, que llegó a la casa a buscarme para matarme. Sin yo tener culpa alguna porque esas cosas que la vieja malvada, le dijo a mi padre, no eran ciertas. Fue una vil calumnia. Yo en ningún momento había estado con Polo, ni estaba enamorada de él; al contrario, nos habíamos criado juntos desde niños y yo lo consideraba como a un hermano.

A partir de ese día yo me sentía dolorida, inquieta, temerosa y apenas podía dormir. Y si me quedaba dormida me despertaba en medio de una terrible pesadilla. Entonces pensé: yo no puedo continuar en esta agonía. A este tajo me voy a volver loca. Lo mejor que debo hacer es hacerme la chiva loca y salir de esta casa lo antes posible.

Bueno, cogí dos mudas de ropa (dos de cada una). Las coloqué en una mochila y aguardé a que todos estuvieran dormidos para poderme escapar. Cautelosamente, me bajé de la cama y sin hacer el menor ruido, me amarré el pañolito rojo en la cabeza y después me puse el gorro para cubrirme bien la herida y no lastimármela por el camino. Luego me coloqué la mochila sobre mis espaldas, cogí el quinqué y sin prenderlo, me fui de la casa después de la media noche.

Cuando iba por mitad del camino, pude ver una diminuta luz que salía y se ocultaba al final del camino. De pronto, sentí miedo pero luego pensé, que a lo mejor esa luz salía de alguna de las casas del vecindario y me conformé con eso. Seguí caminando a toda prisa hasta que volví a ver la luz más cerca de mí y escuché el galopear de un caballo. Tanto la luz, como el ruido del caballo me asustaron muchísimo. Pues me estuvo raro que a esa hora, por ahí anduviera alguien a caballo. Me escondí detrás de unas matas de plátanos, a esperar que pasara el caballo, pero el galopear del caballo, se fue apocando lentamente hasta que casi se me para encima.

– ¿Quién anda ahí? ¿Por qué se está escondiendo? Mire salga ahora y no tenga miedo, que soy yo Marcelo –me dijo el señor–. Pero como yo no conocía a ningún Marcelo, me dio miedo a que me fuera a hacer algún daño, y me agaché bien detrás de las matas de plátanos y no le hice caso a sus preguntas.

Entonces él se bajó del caballo y caminó hasta donde yo estaba. En ese instante, no me quedó otro remedio, que salir de allí y enfrentarme con él. Cuando se dio cuenta que era yo enseguida dijo:

¡Bah! ¡Pero que sorpresa! ¡Mira quién está aquí, la hija de don Brando! Supongo que estas huyendo de tu casa, o me equivoco –dijo asombrado.

– <<Me sorprendió muchísimo que supiera quien era yo>>,

–Sí, señor...Ya puede usted suponer; pero no muy a gusto. ¿Cómo sabe Usted que soy la hija de Brando? Y, ¿Cómo sabe que yo estaba aquí escondida? –Le pregunté sollozando (aunque no se oían más ruidos que los del viento, los del coquí y el hondo sollozo que producía el agua en las barrancas de la quebrada).

– ¡Caramba, nena! ¡Que ignorante eres! Cualquier persona que pasara por aquí te hubiera encontrado. Fíjate, te escondiste y no apagaste la luz del quinqué. Por la luz nada más te encontraban. Pero de todas maneras, eso no importa ahora. Lo que yo quiero saber es que haces tú por aquí sola a estas horas de la noche –me preguntó sorprendido.

–Me escapé de la casa y voy por ahí sin rumbo alguno. Mi padre casi me mata y ya no quiero vivir más en mi casa –le dije.

Entonces él me dijo: –Pues entonces es cierto lo que dicen por ahí, que tu padre casi te mata de un machetazo, que te dio en la cabeza.

Así mismo es. Una mala persona me levantó una calumnia y por su maldita mentira, mi padre casi me quita la vida.

Ahora bien, Fue esa noche en que estaba huyendo de mi padre y en esas circunstancias que conocí al padre de ustedes. Pues no me pareció un hombre guapo, pero que ni tampoco me pareció muy feo que digamos; era un trigueño de mediana estatura, flaco con pelo y ojos cafecitos, podría tener algunos 38 años de edad (en ese entonces). Para decir verdad era un viejo a mi lado, porque yo solamente tenía algunos escasos quince años de edad. Una muchacha fea con poca experiencia, sin malicia alguna y fácil de engañar.

Ante todo, nada hubiera sido peor que quedarme a vivir al lado de mi padre, recibiendo más heridas y atropellos.

Bueno, nada de eso me importaba, para ese entonces, ni se sumaba al caso en ese momento. Lo único que me interesaba era marcharme lo más lejos posible de mi casa. Además, mi cuerpo estaba demasiado débil y el dolor de cabeza era tan fuerte, que a duras penas, podía darme cuenta o pensar claramente en las cosas que estaba haciendo y en las que quería hacer. Me sentía confundida y más perdida que una cucaracha en un barril de harinas (Así estaba yo).

Entonces por esa razón me arreguindé de su padre sin pensar siquiera que era un extraño y que podría estar engañándome para llevarme a su casa y hacerme daño. Aunque más daño del que ya me había causado mi padre, nadie más sería capaz de hacerme.

Estaba ciega de ira, de dolor y solo quería escaparme de la realidad, he irme a buscar refugio en otra parte.

¡Ah, pues bien!, ya me había escapado de la casa y ahora tenía que darle frente a lo que viniera para poder sobrevivir. Solo de algo si estaba segura y era que no quería dar un paso atrás; al contrario, irme lo más lejos posible y salir de aquel lugar que ya no lo consideraba mío; sino el de un enemigo (bueno así pensaba en esos momentos).

Bueno hijitos míos, su padre, sin perder tiempo alguno, el mismo día en que lo conocí, comenzó a contarme la historia de su vida. Me dijo que se había quedado viudo con una niña recién nacida porque su segunda mujer, se había muerto de un pasmo que había cogido, por ponerse a tostar café y salir de la casa bajo un fuerte aguacero.

—También me dijo que como él estaba solo, necesitaba a una persona para que le cuidara la niña, en lo que él salía a trabajar, y… que había pensado que quien mejor que yo, para cuidársela. Además, ya él se había enterado, de los problemas que yo había tenido con mi padre y también que yo no quería regresar a mi casa. Entonces basándose en mi desgracia, me pidió que me fuera a vivir a su casa, para que no volviera a recibir golpes de mi padre. Después de todo; él vivía muy lejos de allí y mis padres no me iban a encontrar fácilmente. Además él me iba a proteger y no le iba a permitir ni a él ni a nadie, que me hiciera daño.

Como yo estaba huyendo de mi padre y no tenía otro sitio para quedarme a vivir, acepté su ofrecimiento y me fui con él a vivir esa misma noche.

El tiempo fue transcurriendo y yo veía, que trabajaba mucho, que me trataba muy bien y muy rara vez salía a tomar con sus hermanos y amigos.

Aparentaba ser, una persona muy astuta e inteligente; desde que sabía expresarse muy bien, tanto en el hablar como al escribir, tenía altos conocimientos de la agricultura, la ganadería, Sabía cultivar toda clase de vegetales y frutas. Tenía algo de veterinario debido a que también sabia curar a los animales cuando estos estaban enfermos; especialmente a los caballos y a las vacas, cuando se lastimaban las patas y cuando se les atrabancaba una pepa[16]* de mango en la garganta. Él sabía cómo sacársela. En fin, cuanto animal se enfermaba en el barrio, se lo traían para que el los curara o lo venían a buscar para que los fuera a ver y los sanara.

Cuando fallecía alguien en el barrio, lo venían a buscar para que le rezara y él nunca se negaba a ir; al contrario siempre estaba dispuesto a participar y a cumplir con sus obligaciones religiosas. Y, rezarles a los difuntos, era una de ellas. Todas estas cosas las hacía con mucho talento y con mucho amor, según como también acudía a curar a los enfermos por medio de los dones espirituales que según él; Dios le había otorgado.

En fin, vi en él tantas cualidades, que no dude en aceptar de ser su esposa, el día en que me lo pidió. A demás lo hice también para callarles las bocas a las personas chismosas y mal pensadas, que se las pasaban todo el tiempo averiguando como yo vivía, para entonces ir con el bochinche a mis padres.

Ahora bien, me trajo a vivir a una casita, que uno de sus hermanos, le había facilitado en su pueblo. Allí vivimos unos cuantos años y más tarde nos mudamos al pueblo donde yo nací. A una casita que estaba localizada en el Cerro de los pobres. Definitivamente, el cambio me vino de maravilla; puesto que podía ver y comunicarme con mis hermanos; aunque fuera en la iglesia.

Por otro lado, tu padre se la pasaba de un lugar a otro con los negocios de la ganadería, los caballos y los de la agricultura que hacía con sus hijos mayores y con sus hermanos.

Bueno la verdad les digo, que para ese tiempo yo casi me había recuperado de la tragedia que había tenido en casa de mis padres y estaba viviendo en un hogar sano y muy feliz. Hasta que un día, llegó a mi casa uno de mis hermanos a verme y me dijo que mis padres querían que yo fuera a visitarlos.

Yo me puse muy contenta, porque estaba ansiosa de ver a mi madre y a mis demás hermanos, entonces cuando tu papá llegó del trabajo, le conté que uno de mis hermanos había venido a verme y a decirme que

---

[16]   semilla

mis padres querían que yo fuera a visitarlos. Porque tenían muchos deseos de verme y de saber cómo yo estaba.

El sin poner pretexto alguno, me dijo que estaba bien y que él mismo me iba a llevar y después iba a pasar a buscarme, para que no anduviera sola, por esos caminos tan peligrosos.

Al otro día temprano en la mañana, emprendimos el viaje hacia la casa de mis padres y antes del mediodía, ya tú papá me estaba dejando cerca de la casa de ellos.

Mis padres aparentaron alegrarse mucho, al verme llegar y me recibieron a "cuerpo de reina" pero a pesar de todo, yo no me sentía a gusto ni tranquila al lado de mi padre y estaba desesperada por regresar a mi casa. Pero desgraciadamente, se me hiso imposible, porque cayó la noche y mi marido no llegó a buscarme, tal y como me lo había prometido.

Al otro día, tempranito en la mañana, se corrieron las voces, de que a mi marido, lo habían encontrado casi muerto, tirado dentro del mayar, que se encontraba muy cerca, de la casa de mis padres.

Yo me quedé pasmada con la noticia, y hasta llegué a sospechar que mi padre estaba involucrado en el asunto. Pensé que me había usado, para tenderle una trampa al viejo. Entonces me llené de terror, y sin que nadie se diera cuenta, me fui de la casa "más ligero que un rayo".

Cuando llegué a mi casa me encontré con mi hijastro Franco y enseguida me pidió que lo acompañara al hospital a ver a su padre, porque lo habían herido a machetazos y estaba entre la vida y la muerte.

Me alegré saber que a pesar de las condiciones, en que lo habían encontrado, aún estaba vivo. Entonces, le dije a Franco que nos fuéramos de inmediato al hospital, antes de que su padre fuera a morir.

Me urgía llegar pronto al hospital, porque necesitaba hablar con él y preguntarle quien lo había herido. Pero cuando llegamos al hospital, no nos permitieron acercarnos a él porque para completar su gravedad, le había dado tétano y estaba más muerto que vivo.

Estaba petrificada de miedo, temiendo a que se fuese a morir sin poder hablar con él y por mi grandísima culpa. Si ese día, yo no hubiera ido a visitar a mis padres, quizás a mi esposo no le hubiese pasado nada.

Bueno, quiso la Divina Providencia, de que tu padre se escapara de la muerte, y que yo pudiera hablar con él en relación a la persona que lo había herido. Pero él me dijo que el no vio a nadie. Ni siquiera sospechaba de quien lo había hecho. Además, esa noche, estaba tan borracho, que ni siquiera se acordaba de nada.

Ahora, yo tampoco quise, seguir interrogándolo, para no perturbarlo, ni agraviarlo más con el asunto; al contrario, traté de pasarme casi todo el tiempo con él en hospital. Ayudándolo a recuperarse de las heridas.

La verdad que las veintidós heridas de machetazos, que le dieron al pobre hombre, lo habían dejado hecho un guiñapo humano y aduras penas, podía comer o mover siquiera un dedo de su mano.

Su recuperación le tomó largo tiempo, pero yo siempre estuve a su lado ayudándolo; igual que sus hijos y sus hermanos, que nunca lo abandonaron.

Después de todo, él era el regalón [menor] de la familia.

<< ¿Mamá pero no se hizo justicia alguna? ¿No encerraron a esa gente mala en la cárcel? >> —le pregunté muy alarmada por la tragedia que me había acabado de contar.

—Desde luego que no, nena; solamente tu padre dijo que poco a poco se iba a vengar del que le había dado los machetazos. Pero...que yo sepa, nunca supe cuál fue su venganza, pero que tampoco vi que hiciera nada al respeto.

Ahora hija; lo único que puedo decirte es que desde ese día tu padre comenzó a cambiar. Ya no era el hombre cariñoso y amable que yo había conocido. Ahora era una persona amargada, violenta y peor aún, se emborrachaba con frecuencia; pero a pesar de todo, yo no lo culpaba de nada. El pobre hombre quedó casi igual que yo, afectado con las heridas que recibió en su cuerpo y en la cabeza.

Como se la pasaba todo el tiempo bebiendo ron caña, para aliviarse el fuerte dolor de cabeza, casi no trabaja y entonces montó unos alambiques, en una de las fincas de sus primos y se la pasaba con ellos sacando ron caña y emborrachándose. Después llegaba a la casa tomado y si yo no le servía la comida y le daba lo que él me pedía, enseguida me caía a golpes.

La primera niña me nació muerta a consecuencia de una pela que me dio cuando ya la niña estaba a punto de nacer. Ese día llegó a la casa más borracho que nunca y como no me encontró en la casa, me fue a buscar a donde yo estaba y ahí mismo me entró a golpes.

Después de ese día, arrepentido me pidió más de mil veces perdón. Me dijo que iba asistir a la iglesia conmigo y que ya no iba a beber más ron. Me juró muchas veces de que ya no me iba a golpear más. Bueno la cosa fue, que me hizo tantas promesas, que se las creí y lo perdoné. Entonces después de unos cuantos meses volví a quedar embarazada de tu hermano Mark.

Todo marchaba muy bien. Hasta puso un kiosco para ponerse a vender verduras, frutas, dulces, raspados*[17] y algunos otros artículos caseros de primera necesidad.

De hecho, que ese kiosco fue más obra de sus hermanos, porque el objetivo principal de ellos era mantenerlo ocupado y que pudiera trabajar sin necesidad de esforzarse mucho y fuera a lastimarse las heridas. También para que se mantuviera ocupado y con su mente tranquila.

Sus dos hijos mayores (Franco y Juanjo) que había tenido con su primera esposa, le ayudaban a surtir y a trabajar en la tiendita y todos vivíamos como una familia feliz. Entonces durante ese tiempo de paz y de armonía, fue que tú y tus demás hermanitos fueron llegando a este mundo.

---

[17] piraguas

SÉIS

ERA EL DÍA DE AÑO VIEJO y como costumbre de todos los años; mi medio hermano Juanjo nos tenía bien ocupados en el bohío hecho de ramas de palmas que nos había fabricado papá para que nos protegiéramos del sol mientras jugábamos. También para el acostarse en la hamaca que allí había guindado para acostarse a descansar.

Ahí estaban mis hermanos: Mark, Josué, Ámel y yo. Todos bien ocupados, haciendo las máscaras, que íbamos a usar, para ir a cantar por el vecindario y para que nos dieran el aguinaldo de Año Nuevo.

En ese momento, yo escuché a la perra canela, ladrar y salí para ver quien se acercaba a la casa, entonces me topé con un señor que vendía bolita. Apresuradamente llamé a mamá y le dije:

—Mamá, aquí te busca un señor—.

¡Ah, sí! Ya sé que me busca el año viejo –bromeo mamá–.

—No mamá, no es broma. Te busca el Bilítero[18]*.

Entonces salió a recibirlo acompañada de papá.

El señor salió y dijo:

—En sí, no los estoy buscando a ustedes; sino que ando buscando a su hijo Juanjo. Enseguida papá comenzó a llamar a Juanjo, pero él estaba muy entretenido cantando un aguinaldo de Navidad que en ese momento tocaban en la radio y no pudo escucharlo. Entonces yo fui personalmente a buscarlo para que recibiera al señor que lo estaba buscando. Cuando le di la noticia el salió loco de contento a recibirlo. – ¿Dígame don Nito, para que soy bueno? <<Muchacho te pegaste y vengo a traerte los chavos*[19]. – ¿Está usted tomándome el pelo, o me está diciendo la verdad?—le preguntó Juanjo–. ¿Y para qué otra cosa crees tú, que he venido, mijo? >> Ahora toma este dinero y se lo das a tu papi>> –dijo don Nito.

—Mire don Nito; estas dos bolas que tengo aquí debajo de las patas, es la que le voy a dar a papá.

---

[18]   Vendedor de lotería
[19]   dinero

Cuando papá escuchó lo que dijo Juanjo, inmediatamente se enfureció, anduvo ligeramente hacia él y le tiro a dar unas cuantas bofetadas, pero él se agachó y no se las dejó dar, entonces papá le dijo mire deje la poca vergüenza y aprenda a respetar a su padre.

Entonces Juanjo, subió a la casa bien enojado y cogió su bultito de ropa, que había llevado a la casa para pasarse los días navideños con nosotros. Luego se fue al rancho donde estaba amarrado su caballo, y cuando ya estaba listo a montarse, papá se le acercó y le preguntó, que para donde iba tan deprisa. Él muy enojado le dijo; que iba para la casa de su mamá y que después iba a ir para la parranda de Quebrada Larga. Papá le dijo que no fuera para esa parranda solo. Pero él le contestó que no iba solo; sino que iba para acompañar a una de sus tías.

–Que no vayas te digo –Volvió y le repitió papá–. Pero el salió a toda prisa ignorándolo.

Entonces, sin decir otra palabra, se montó en su chongo de caballo y salió a toda prisa de la casa.

Al otro día, temprano en la mañana, se apareció sorpresivamente, mi tío Federico por la casa.

– ¡Otra desgracia más!– esas fueron las primeras palabras que escuché decir a mi tío Federico cuando entró por la puerta de la tiendita, y en el preciso momento en que vio a mi padre.

Mi padre estaba tan afanado vaciando un saco de papas en unos cajones, que ni siquiera pude advertir la presencia de mi tío y mucho menos oír lo que él le dijo. Entonces cuando se percató de su vista, felizmente le dijo: –pues aquí estoy tratando de sacar estas papas de los sacos, antes de que se me vayan a podrir, y después me voy a ir con los nenes a la iglesia para que comiencen el Año Nuevo en la casa de Dios. Bueno, ellos están locos por ir y porque que están locos por estrenarse sus ropitas nuevas. Y tu hermano, dime: ¿qué milagro es ese? Este año has madrugado más que nunca a darme el abrazo de Año Nuevo.

<<Quisiera que hubiera sido así, pero no. He venido con otro fin y necesito que te sientes y me escuches tranquilamente, porque lo que tengo que decirte, es muy delicado. Bueno, en si he venido a darte una mala noticia>>. –dijo mi tío muy apenado–.

– Anda, dime lo que sea que tienes que decirme, y no me hagas esperar más…ya me tienes muy intrigado. –dijo papá sentándose en la puerta de la tiendita, y mirando fijamente a mi tío en la cara; que estaba parado en frente de él.

<<Bueno, en si he venido a buscarte para que vengas conmigo al hospital, porque a tu hijo Juanjo lo hirieron anoche, mientras despedían a tiro limpio, el Año Viejo por allá por Quebrada Larga y según me contaron, tu hijo está muy mal. –dijo tío con voz honda y entrecortada–.

Mi padre se pasó las manos por la cabeza y nerviosamente salió diciendo: – ¡Dios mío! ¡Uno nunca deja de pasar sustos con estos muchachos! Y, eso está buenísimo que le haya pasado, por no hacerme caso alguno. Bastantes veces que se lo advertí y que le dije al canalla ese, que no fuera solo para ese sitio. Pero ese muchacho es bien cabeciduro y nunca me hace caso. A él uno le dice las cosas y le entran por un oído y le salen por el otro. La verdad que es como si no se las dijera. Es como si yo estuviera hablando con el viento o con la pared –repetía papá sin atinar a una repuesta especifica –.

<<Quizás tu tengas mucha razón; pero...olvídate de eso ahora y apúrate mijo, que allá al lado de don Pepe está don Pedro el chofer; esperándonos para llevarnos al hospital –dijo tío muy preocupado–.

Mamá, que también había escuchado la noticia que había traído mi tío, sin que papá se lo pidiera, fue corriendo y le trajo una camisa y los zapatos. Papá se puso los zapatos y se puso la camisa y sin abotonársela bien, salió casi corriendo de tras de mi tío.

Después que ellos se fueron, mamá nos llamó uno a uno para que fuéramos a desayunar. Entonces después que comimos nos dijo; que teníamos que bañarnos y vestirnos con la ropita nueva, por qué teníamos que estar listos para cuando regresara papá del hospital.

Enseguida que nos desayunamos, nos bañamos y nos vestimos como si fuéramos a ir para una gran fiesta. Después comenzamos a salir y a entrar en la casa. Salíamos hasta el camino real para ver si veíamos llegar a papá, cogíamos turnos para sentarnos a mecer en la hamaca, nos poníamos las máscaras y nos las quitábamos. En fin, el día iba avanzando a toda prisa, y mi padre no llegaba. Entonces mamá impaciente con la tardanza de mi padre, nos pidió que entráramos a la casa y nos quitáramos la ropita nueva, porque ya papá se había tardo mucho tiempo en regresar a la casa y la íbamos a ensuciar.

Estábamos ya listos para subir a la casa, cuando de pronto, vimos venir a papá acompañado por mi otro hermano Franco y por otras personas más.

Me asusté muchísimo cuando los vi venir, por la razón de que mi padre y mi hermano caminaban, apoyándose uno del otro; como si ambos vinieran borrachos. También al ver llegar con ellos, a mis tíos y a mis primos. Mi madre también se asustó y nos pidió que entráramos a la casa y nos fuéramos todos al cuarto, hasta que ella nos llamara; pero nosotros hicimos caso omiso y nos quedamos a esperar que ellos llegaran a la casa. Entonces mamá volvió y nos ordenó que nos subiéramos a la casa; pero papá salió diciendo: —deja que los niños vengan a recibirme. Ellos también tienen derecho a saber que su hermano Juanjo ha muerto.

—La noticia de la muerte de mi hermano fue alarmante, espantosa y escalofriante. Fue una terrible noticia de la que ninguno de nosotros podíamos comprender a nuestra edad.

Yo no podía creer ni aceptar, que mi hermano hubiera muerto. Mejor dicho, que alguien le hubiese quitado la vida. Mi buen hermano, el que tanto me quería y el que me cuidaba con tanto cariño y esmero. El que cortaba las cañas más lindas para pelarlas y picarlas*[20]en rajitas para echármelas en la latita vacía de avena, para que yo me las chupara.

Me quedé inmóvil y sin poder hacer nada. Se me antojaba decir algo o gritar; pero no podía ni siquiera hablar. En esos momentos, llegó mi media hermana y casi corriendo llegó hasta mi padre. Ambos se abrazaron fuertemente y comenzaron a llorar desconsoladamente. En ese instante no pude aguantar más y comencé a gritar con todas mis fuerzas.

Todos gritábamos a la vez y en menos de una hora había llegado gente de todas partes, a darle el pésame a mi padre. Después más tarde llegó mi tío Federico acompañado por uno de sus hijos y le dijo a papá que el cadáver de mi hermano, iba a ser llevado esa misma noche a la casa de su mamá, debido a que así ella lo había exigido. Entonces papá aceptó que así se hiciera, sin poner ningún pretexto y en forma de agradecimiento, le dio un abrazo a mi tío y otro a su hijo por haberse encargado de todos los trámites del velorio y del entierro.

Aún recuerdo detalladamente y con mucha tristeza la muerte de mi medio hermano. Recuerdo que para el día del entierro mi madre me puso un vestidito blanco, con puntitos negros, que me había comprado especialmente para esa ocasión. También recuerdo que cuando fueron a sacar el cadáver de la casa para llevarlo a enterrar, la madre de mi difunto hermano (que estaba en el aposento llorando), cuando oyó decir que iban a sacar al fallecido, salió corriendo y se tiró a gritar encima de la caja y cuando lo hizo, la camisa de mi difunto hermano que se había puesto, al tirarse sobre el féretro la camisa vieja se le rajó por el mismo medio de la espalda. Esto a mí me causo mucha risa y no pude contenerme. Comencé a llorar y a reírme a la vez como si hubiera estado loca.

---

[20]   cortarlas

Solamente dejé de reírme, cuando papá se me acercó y me agarró fuertemente, por una oreja. Por poco me la arranca de un jalón.

Yo me sentí avergonzada, y me fui para la cocina donde estaba mamá. La verdad que yo no fui la única en reírme; sino que algunas de las personas que estaban allí presentes, y que vieron lo que pasó, se taparon las caras para disimular la risa.

En verdad que nadie se estaba burlando de la señora; sino que estuvo gracioso lo ella hiso.

Después del entierro, regresamos a la casa acompañados por tres de los hermanos de papá y por algunos de sus sobrinos y sobrinas. Más tarde, llegaron casi todos los vecinos.

Mamá se fue a la cocina y acompañada por dos de las vecinas (doña Daniela y doña Felicita) se pusieron a preparar dos gallinas que había traído el compadre Manuel y en menos de una hora prepararon una sabrosa sopa de gallina. Luego le dieron a comer a todas las personas que estaban allí compartiendo con mi padre y con toda la familia. Papá no quería comer nada, ni Franco tampoco; pero mis tíos casi los obligaron a que tan siquiera probaran la sopa y así lo hicieron.

Después de que todos comieron, mi tío Candelario, le dijo a mi hermano Mark que buscara los dóminos porque quería jugar unas manitas*[21] y mi hermano enseguida fue y los buscó y se los trajo. Cuatro de ellos se sentaron a jugar, incluyendo a mi padre. Entonces se escuchó un ruido muy fuerte de un puñetazo que papá le pegó a la mesa diciendo: –esto no se queda impugne–. Yo tengo que salir a buscar a ese desgraciado que le quitó la vida a mi hijo.

Pero otro de mis tíos llamado Maneco salió diciendo: –Cálmate mijo, cálmate y coge las cosas con calma y deja que la policía se encargue de eso. <<No creo que la policía pueda encontrar al culpable; además nadie quiso matar a tu hijo, mijo. Bien claro que te dijeron que él se había ido a orinar detrás de unas matas de guineo. Justo en el momento en que comenzaron a tirar tiros al aire, para despedir el *Año Viejo y que una bala perdida, lo alcanzó en la espalda.* Desgraciadamente, nadie se dio cuenta hasta por la madrugada cuando por casualidad, don Flor paso por allí y lo encontró desangrándose. Aunque corrió con él de inmediato para el hospital, los médicos no pudieron hacer nada para salvarlo y el pobre muchacho murió.

---

[21]   Partida de dóminos

SIETE

PERTURBADO, DOLIDO y dudoso por no saber exactamente como había muerto su hijo Juanjo, papá volvió a llenarse de ira, de amargura, de resentimiento y a desconfiar hasta de su propia sombra. Una vez más se convirtió en una persona amargada y violenta. Todo le molestaba.

Cuando me acercaba a su lado, para decirle o hacerle alguna pregunta, me gritaba y me pedía que me alejara de su lado. Me decía que tenía mucho dolor de cabeza y quería estar solo.

Tomaba casi todos los días, porque decía que solo borracho podía soportar su dolor de cabeza y todos los dolores de su alma y de su cuerpo.

Por otro lado, madrugaba muy temprano a levantar a mis hermanos, para que fueran a cortar yerbas para los caballos y hacer otras tareas antes de irse a la escuela. En otras ocasiones se los llevaba de madrugada a recoger frutas para vender o para llevárselos a trabajar en las cañas.

La verdad que mamá sufría mucho cuando él se los llevaba a trabajar, porque casi no tenían tiempo libre para estudiar, salir a pasear y divertirse con sus amiguitos.

Ellos siempre hacían más de lo que podían y en si ellos no tenían suficiente edad para trabajar tanto y mi padre estaba exigiéndole demasiado. Y lo peor de todo era que en estos asuntos, mi madre no podía opinar ni hacer nada para evitarlo, porque entonces se "viraba la tortilla" y todos salíamos lastimados.

Los días que no se emborrachaba, esos días era el hombre más tranquilo y más bueno del mundo. No nos regañaba y nos dejaba jugar y hacer de nuestro tiempo libre lo que quisiéramos. También nos trataba con mucho amor y cariño. Durante esos días yo era su hija preferida y le encantaba que le cortara las uñas y los pelitos que le crecían al lado del oído y en los hoyos de la nariz. Para mí era un placer hacerlo; ya que de esa manera sentía que me daba cariño.

Poco a poco, se fue reponiendo de la perdida de mi hermano Juanjo y se dedicó nuevamente al negocio de la tienda. Lo cual favoreció bastante a mis hermanos puesto que no tenían que andar metidos en las piezas de cañas, ni ir a vender frutas y vegetales.

Este negocio no le funcionó por mucho tiempo, debido a que la mayoría de los clientes venían siempre a coger fiáo[22], y a no pagar. Entonces no le quedó otro remedio que cerrar la tienda y dejar este negocio a un lado. Fue entonces cuando se dedicó por entero a sus otros negocios. Por supuesto, que estos tampoco eran muy buenos ni le daban mucho que ganar.

Vendía bolita (lotería), compraba chongos de caballos flacos para después ir a negociarlos "pelo a pelo" y no ganaba nada con ellos. En otras ocasiones se ponía apostal en los gallos de peleas y perdía hasta la cota"*[23].

Por otro lado, mamá trabajaba incansablemente, cosiendo pañuelos, bordando ropitas de bebés y cosiendo guantes para poder ayudar con los gastos de la casa y con la ropa y los zapatos de nosotros.

De vez en cuando, papá le ayuda con los trabajos y con las tareas de la casa. La llevaba a entregar y a cobrar por los trabajos que ella hacía, pero esa ayuda se la daba con el propósito de que le diera parte del dinero que se ganaba, para reponer todo el dinero que había perdido en las jugadas de gallos y en los demás negocios malos que hacía con sus caballos.

Bueno, mi madre no estaba de acuerdo con los negocios que el llevaba a cabo y se negaba a darle dinero, motivos por los que ambos se enojaban y comenzaban a discutir y terminaban a fuerza de golpes.

Papá la agolpeaba terriblemente, porque aparte de eso, mi madre era una mujer muy brava y no se quedaba quieta ni callada y en vez de apagar el fuego le echaba más leña.

Hubo días, en que mi madre se vio obligada a salir con nosotros, huyendo de la casa, para evitar recibir más golpes. Por lo general, acudíamos a refugiarnos en la casa de mis abuelos, de mis tíos o en las casas de los vecinos.

Una noche, mamá nos llevó a dormir a la casa de uno de sus vecinos de más confianza. Allá pasamos la noche y al otro día temprano en la mañana, salimos para San Juan con un chofer de carro público que mamá había contratado, para que nos llevara a la casa de sus tíos.

Al llegar a San Juan, el chofer estuvo casi hasta media noche, tratando de encontrar la casa del tío de mamá. Entonces cansado y desesperado de dar tantas vueltas, le sugirió a mi madre, acudir a un cuartel de policías,

---

[22]   prestado

[23]   camisa

para ver si podían ayudarla a encontrar la casa de su tío, pero como mi madre no tenía la dirección exacta, no la pudieron localizar.

Entonces, como ya era demasiado tarde, y todos estábamos rendidos del cansancio, y con sueño, se compadecieron de nosotros y le aconsejaron a mamá, que nos quedáramos a pasar el resto de la noche, en el cuartel, que ellos nos iban a buscar a donde dormir.

A mi madre, no le quedó otro remedio, que aceptar la ayuda que nos estaban ofreciendo. Efectivamente, fueron tan buenos y tan amables los policías, que le ayudaron a mi madre a cargar a mis hermanitos, que venían dormidos. Después nos colocaron en un colchón que habían colocado en una de las esquinas del cuartel. Entonces cuando estábamos acostados en el colchón; alrededor de mamá, vinieron los del periódico "El Imparcial" y nos retrataron.

Al otro día salió nuestra foto, en primera plana y como el periódico circulaba por toda la isla, mi padre, mis abuelos y todos mis familiares se enteraron de lo sucedido.

Ahora, el propósito de poner nuestra foto en el periódico, fue para que el tío de mi madre, se enterara de que estábamos en el cuartel y nos fuera a buscar.

Eficazmente, así mismo se dieron las cosas, porque tan pronto su tío vio nuestra foto en el periódico se sorprendió muchísimo y fue inmediatamente, al cuartel a buscarnos.

En su casa estuvimos muy poco tiempo, debido a que mi abuelo tan pronto supo que estábamos en San Juan y en la casa de su cuñado, enseguida fue a buscarnos.

En verdad que mi madre, no quería regresar a la casa con mi abuelo, pero después de dialogar con él y con mis tíos, se dio cuenta que era imposible, quedarse a vivir con nosotros en la casa de sus tíos; ya que ellos no disponían de espacios disponibles, para acomodarnos a todos nosotros; pero que tampoco ella tenía dinero, para rentar un departamento en San Juan. Entonces no le quedó otro remedio, que empacar los motetes, agarrar a sus muchachitos y regresar nuevamente a la casa.

A pesar de que mi padre, se sentía enojado y avergonzado por la escapatoria de mi madre y por lo de la foto del periódico; nos recibió tranquilamente sin hacer ningún comentario al respecto.

Bueno, lo horrible del caso era, que los problemas y los pleitos de mis padres, nunca cesaban; sino que cuando más tranquila estaba, surgía una pelea entre ellos y sin querer iba a dar a la casa ajena, motivos por los cuales carecíamos de muchas privacidades y comodidades; aunque fuera a parar a la casa de mis familiares. Sin embargo, no niego que en algunas ocasiones, prefería estar en la casa ajena y no en la mía, porque en mi casa no me sentía tranquila; al contrario, vivía aterrorizada temiendo a que mis padres se hicieran daño.

Aparte de eso, cada vez que mi madre se salía de la casa para ir a la casa de los abuelos, o la casa que fuera, para mí era como una aventura. Disfrutaba muchísimo jugando con mis primos y con los niños que vivían en donde nos refugiaba.

Nunca pude comprender, como mis padres eran capaces de herirse brutalmente y no darse cuenta del daño tan terrible, que me causaban con sus peleas.

Por lo general los afectados eran mis hermanitos más pequeños y yo, debido a que siempre estábamos en la casa pegados de la falda de mamá.

Bueno, la verdad que mi padre no estaba en muy buen estado de salud. Las veintidós heridas de machete que le habían hecho en su cuerpo, y la repentina muerte de mi hermano, lo habían afectado físicamente y mentalmente.

En muchas ocasiones, mi madre trataba de ignorar su mal comportamiento y se conformaba diciendo: <<un día de estos nos vamos a ir de esta casa, y lo vamos a dejar solo, para que se las arregle como pueda>>.

–Yo tengo la esperanza de que Dios muy pronto a de acordarse de nosotros y nos librará de este infierno en que estamos viviendo –dijo mamá, suspirando profundamente–.

– Mientras tanto mis hijos; traten de hacer las cosas que él le dice y no lo contradigan en nada, y cuando venga borracho, se acuestan a dormir para que no anden por ahí, tropezándose con él y les vaya a pegar.

Pero en realidad no fue necesario abandonar a papá; al contrario él fue el que se vio obligado a salir de nuestra casa, cuando lo encerraron en una prisión por andar vendiendo Ron caña.

Lógicamente, que yo no podía creer por qué a papá lo habían encarcelado por tan simple causa, más sin embargo no metieron a la cárcel a las personas que lo habían dejado casi muerto en un mayal.

Está claro, que en la mente de una niña de apenas siete años de edad, no era fácil encontrar a su padre en esas condiciones y mucho menos analizar y entender las razones que existían para encerrar tras unas rejas y en un lugar tan deprimente y deplorable, a un ser humano.

La verdad, que durante ese tiempo, que papá estuvo encerrado, nosotros gozamos de muchos privilegios; pero que también pasamos algunos malos ratos y problemas.

De vez en cuando, nos quedábamos una o dos semanas con nuestros abuelos y demás familiares. Algunas veces por necesidades económicas y otras para compartir en familia.

Pasábamos casi todo el tiempo en la casa del hermano de mi madre. Tanto él como su esposa, eran muy buenos y siempre estaban al pendiente de mi madre y de nosotros. En la casa de ellos nos trataban muy bien y no sufríamos por nada. Siempre teníamos de todo un poco, aparte de que nos divertíamos muchísimo, corriendo por la finca y jugando con nuestros primos.

Más sin embargo, en la casa de los abuelos era totalmente distinto. Abuelo no nos trataba tan mal que digamos, pero abuela era muy injusta con nosotros.

Especialmente, conmigo. Por ejemplo: si yo me reía me decía: <Mira canto de boba no te rías, que te pareces a tu padre riéndote con esa boca tan fea.

Una tarde llegó de visita, uno de mis tíos con su familia de San Juan, y nos trajo unas fotos que nos había sacado cuando estuvimos allá en su casa. Cuando alargó la mano para darme la mía, mi abuela se me adelanto y la cogió. Entonces sin yo haberla visto bien, salió diciendo: —Todas están muy bonitas, pero... esta de la grilla de Lía salió muy fea.

Yo me sentí muy mal y comencé a llorar, pero mi tío— que me quería mucho—, cuando me vio llorar, anduvo hacia a mí, y poniendo un brazo sobre mis hombros, me dijo: —No es cierto Lucecita; no te pongas así. No llores. Esa foto es la más linda de todas. No le hagas caso a lo que dice mamá, que ella está bromeando contigo.

¡Oh, no tío! Será eso, oh será que abuelita no tiene los lentes puestos>> —dijo mi hermano Josué.

Él sabía, que ella no estaba bromeando y que había dicho que mi foto estaba fea para que yo me sintiera mal. Por eso fue que él hizo ese comentario. También lo hizo para que yo me tranquilizara y no prestara atención a lo que había dicho abuela. Pero... no era la primera vez que mi abuela trataba de hacerme sentir mal, con sus comentarios y ya me había acostumbrado a ellos; además, era obvio que no me quería y buscaba cualquier excusa para demostrármelo.

Aparte de eso, yo no fui la única, que tuvo que soportar maltratos en la casa de mis abuelos; sino que mis hermanos de una forma u otra también fueron maltratados.

Una vez mi madre, se sentó en una hamaca con uno de mis hermanos más pequeños, en su falda. Lo estaba meciendo para que se callara y dejara de llorar. En eso vino mi abuelo y furiosamente saco la mano y le pego una bofetada a mi hermano en su rostro. De tan fuerte que se la dio lo saco de la hamaca y mi hermanito cayo reventado en el suelo.

Mi madre, desesperada, cogió al niño del suelo y llorando nos dijo que nos pusiéramos los zapatos y agarráramos nuestras cosas, porque esa misma tarde, nos regresábamos a nuestra casa.

Eso fue justo lo que hicimos y como mi madre estaba ansiosa por llegar a la casa, no quiso detenerse a descansar en ningún sitio y llegamos a la casa antes de que oscureciera.

–Gracias a Dios que hemos llegado a nuestra casa. Siento una tranquilidad y una paz inmensa, al regresar a ella y les prometo, que no los voy a sacar más nunca de esta casa y mucho menos para ir a la casa de mis padres. Esa bofetada que injustamente papá le dio a mi nene Ámel, jamás en mi vida se la he de perdonar –dijo mamá respirando profundamente.

La verdad, que no había otro lugar en el mundo, más cómodo y más agradable, que nuestra casa. Además, vivíamos en un lugar hermoso, rodeado de buenos vecinos y con muchos amigos/as para compartir y jugar.

En mi casa, yo me sentía inmensamente feliz; aunque de vez en cuando, me ponía melancólica, por la ausencia de papá y me atormentaba saber que estaba encerrado en una prisión.

Bueno, el tiempo fue transcurriendo a toda prisa y papá salió de la cárcel, dispuesto a ser mejor esposo, mejor padre y a trabajar para terminar de criarnos y sacarnos adelante.

OCHO

A CONSEQUENCIA DEL MUCHO trabajo y de los malos ratos que pasaba mamá por culpa de mi padre, y de nosotros, mi madre, terminó enfermándose, terriblemente de los nervios. Pues se vio al borde de la locura. Cuando papá vio que ella estaba muy enferma, comenzó a portarse mejor y a llevarla con los médicos. Y, por supuesto, con algunos espiritistas; aunque mi madre era católica y no creía mucho en el espiritismo.

Luego, para completar de rematar con su enfermedad, uno de mis hermanos se enfermó gravemente.

Estuvo recluido en el hospital por unas semanas, y salió peor de lo que había entrado. Como el medicucho gritón y las enfermeras del hospital no pudieron hacer nada para curarlo, lo dieron de alta y le dijeron a mis padres que ya mi hermano Lito no tenía remedio alguno y que lo mejor que podía hacer por él era suspenderle todas las medicinas y las dietas y darle de todo lo que él se quisiera comer. Entonces eso fue exactamente lo que hicieron mis padres a parte de ponérselo en las manos de Dios.

De tal modo, fueron pasando los días, y el muchacho cada día que pasaba, se ponía peor. Una mañana cuando mi madre fue a bañarlo, notó que el muchachito no se movía y que había dejado de respirar. En ese momento, ella comenzó a gritar desesperadamente y cuando papá la escuchó fue corriendo a ver porque gritaba y la encontró con mi hermanito sin vida entre sus brazos. En seguida se lo quitó y lo acostó en la camita y entonces le dijo a mi madre que ya no había nada más que hacer; porque ya el nene había muerto. Entonces papá salió del cuarto y le pidió a uno de mis hermanos que fuera a buscar a su padrino Miguelito para que viniera a echarle la bendición a su ahijado, que ya había muerto. Mis dos hermanos mayores, fueron corriendo a buscarlo y regresaron con él en menos de media hora. Entonces él cumpliendo con su deber de padrino le echó la bendición a su ahijado. Después se fue con papá a buscar el ataúd, para velarlo. Tan pronto se fueron, mamá se hincó de rodillas frente a un cuadro que tenía en un altar de la imagen de la Virgen de la Monserrate, y con mucha fe y devoción le pidió a la virgen que le devolviera la vida a su hijo. Y, si ella le concedía el milagro, iba a ir a su Iglesia y de rodillas, iba subir todos los escalones, que conducían hasta la puerta de la Iglesia.

Bueno, aunque ustedes no lo crean; así se dio el milagro. Cuando mi padre y su compadre llegaron con la caja mortuoria, inmediatamente tuvieron que correr a devolverla, porque mi hermano estaba "vivito y culeando".

Mamá se puso muy contenta e inmensamente agradecida de Dios y de la Virgen de la Monserrate, porque le habían concedido el milagro. Entonces cuando llegó el día domingo, se levantó bien temprano en la mañana y se fue de inmediato a la iglesia, decidida a pagar su promesa, tal y como se la había ofrecido a la virgen.

Entonces, cuando mi pobre madre regresó de la iglesia, apenas podía caminar. La tierra arenosa y las piedritas depositadas en los escalones de la iglesia, le produjeron hoyos y rasguños en ambas rodillas y en casi todo el empeine de sus piernas.

La sangre le brotaba y le corría hasta los pies. La verdad que nos causó muchísima pena al verla en esas condiciones.

<< ¡Mira para allá Mamá, como tienes esas rodillas con todos los pellejos levantados y con toda esa sangre corriendo por tus piernas! – ¿A caso no te duelen? –le pregunté muy angustiada al verla así>>.

Ella no me contestó la pregunta.

–Pero uno de mis hermanos, que había ido con ella, salió diciendo: –Claro, que le duelen nena. Y eso, que no las tiene peor, porque un señor se compadeció de ella cuando iba subiendo las escaleras, y la sostuvo por un brazo diciéndole: – levántese señora, y ya no siga subiendo, que ya su promesa está pagada. Mamá insistió que quería continuar subiéndolas; pero de igual manera, otras personas más que caminaban al lado de ella, hicieron que desistiera de subirlas todas, debido a que sus rodillas estaban muy lastimadas.

Mamá no quería que sintiéramos pena, ni lástima por ella; al contrario, que teníamos que estar todos contentos porque debido a esa promesa, que ella había mandado, y que ya había cumplido, hoy día podíamos tener a nuestro hermano Angelino con nosotros, y libre de toda mala enfermedad.

– La verdad hija, que no fue nada fácil subir todos esos escalones de rodilla. Por un momento sentí miedo de no poder llegar ni hasta la mitad. Y, créeme si no hubiera sido porque me detuvieron unos de los fieles hermanos, de todos modos, los hubiese subido, porque más grande fue el dolor que sentí cuando creí a mi hijo muerto, que rasparme las rodillas en esos escalones. –dijo mamá sintiéndose muy agradecida y satisfecha por haber cumplido con la promesa.

Bueno después de haber pasado por la terrible enfermedad de mi hermano Lito, todo volvió a la normalidad.

Unos meses más tarde, papá decidió de negociar nuestra casa por otra. Al principio mamá no estaba de acuerdo, pero que mi hermano Franco tampoco. Pero eso no venía al caso, debido a que papá era el que mandaba y el que siempre tenía la última palabra.

Según él había hecho un gran negocio; pero que ni mis tíos, ni mi medio hermano así lo creyeron; al contrario le dijeron que él había hecho el peor de los negocios y que lo habían engañado.

Llegamos a nuestro nuevo hogar y tanto a mis hermanos como a mí, nos gustaba más que la vieja residencia, porque teníamos más patio para correr y jugar. Además tenía un terreno grandísimo cerca de la casa, que se usaba como parque de pelota. Los hijos de los vecinos y mis hermanos se reunían ahí, para jugar después de la escuela y los fines de semana.

Por otro lado, esa vivienda a mis padres les beneficiaba más, debido a que había más árboles fructíferos y los terrenos eran más fértiles para sembrar y cosechar todo tipo de frutas y vegetales. A parte de eso, la casa estaba ubicada, en una hermosa loma, con un tipo de terreno arenoso. De modo que cuando llovía, el agua fluía libremente y no se formaba bache alguno. Como el que se formaba en nuestra casa anterior.

NUEVE

JAMÁS HE PODIDO OLVIDAR la santa pela que medio mi padre, un día cuando regresé muerta del hambre y del cansancio que traía de la escuela.

Ese día enseguida que entre por la puerta, papá me dijo muy amablemente: <<ven acá nena>>. Yo sin sospechar siquiera cuál era su intención me le acerqué como si nada. Entonces el comenzó a darme cantazos con una correa de cuero a la que nosotros llamábamos "Candelita". En menos de cinco minutos me dio más de seis cantazos, sacándome la piel en cada uno de ellos. Yo gritaba y gritaba bien fuerte, los chorros de orines me corrían por las piernas y por último perdí el sentido y caí desmayada en el suelo, entonces mi madre llegó en ese momento con uno de mis hermanos y me levantaron del piso y me llevaron a la cama.

Después de darme todos esos cantazos, salió y me dijo: <<Esa pela te la di para que nunca más vuelvas a cogerle dinero prestado a nadie>>. En ese momento mamá nerviosa y molesta se dirigió hacia él y lo interrogó: —¿Pero qué fue lo que hizo la nena, para que le pegaras de esa manera?

—Mira...le di esa pela, porque me hizo pasar una vergüenza enfrente de la gente. Yo estaba anoche, terminando de rezar el rosario en casa de doña Marta, cuando de pronto se me acercó su hija Moncha y me dijo: <<Señor, quiero que usted ahora mismo, me pague los ocho chavos* que su hija Lucecita me cogió prestado>>.

—No sabes tú la vergüenza tan grande, que esa muchacha me hizo pasar, enfrente de toda la gente que estaba allí —dijo papá furioso.

Mi madre, inmediatamente me llevó para el cuarto, para curarme las heridas, y también para que yo confirmara lo que mi padre le había dicho, acerca de los ocho centavos, que le había cogido prestados a la Moncha. Pero yo en verdad casi no podía ni hablar. Me había quedado ronca y la garganta me dolía muchísimo de tanto que había gritado. Mi cuerpo también me dolía por todos los cantazos que me había dado mi padre con la correa.

Así como pude le dije a mamá, que le había pedido ese dinero prestado a mi amiga Moncha para comprarme la merienda de la escuela, porque el dinero que me había dado papá, se me había perdido por el camino.

La verdad que esa fue la primera y la última pela que mi padre me dio, porque nunca más volví a pedirle dinero prestado a nadie, pero que tampoco papá volvió a pegarme de esa manera.

Y, eso que yo no fui la única que recibí una pela de las manos de mi padre, pero que tampoco fui la única en coger dinero o cosas prestadas.

En ese mismo mes llegó mi hermano Josué de la escuela con una bici, y cuando mi padre lo vio llegar enseguida fue y le preguntó:

¿Y esa bici, de donde la sacaste?

Mi hermano le respondió:

—Me la prestó un amigo de la escuela.

Papá se le acercó como el que no quiere la cosa, y le dijo sigilosamente:

— ¡Ah, pero qué bien! La cogiste prestada. Pues mira ahora mismo tú y yo vamos a ir a entregar esa bicicleta y después que vengamos tú y yo vamos a arreglar cuentas.

Bueno, así fue dicho y hecho.

Tan pronto como mi padre llegó con mi hermano a la casa, lo sujetó por un brazo conduciéndose con él hasta el cuarto. Allí se quitó la correa Candelita y comenzó a darle cantazos a diestra y siniestra por todo su cuerpo.

Cuando yo vi a mi hermano tirado en el piso sufriendo esos azotes que le estaba dando mí padre, corrí y me tiré encima de su cuerpo para cubrirlo y evitar que papá le siguiera dando cantazos.

Pero papá cegado por la rabia, siguió tirando cantazos a lo loco y no le importó pegarme unos cuantos cantazos a mí también. Pero eso a mí no me importaba. Yo lo único que quería era que papá no continuara golpeando a mi hermano.

Luego entró mi mamá y no dejó que papá nos siguiera golpeando.

— ¡Te has vuelto loco, viejo! ¿Por qué eres tan perverso y les pegas así a tus hijos? —le preguntó indignada.

La verdad del caso fue, que si mi madre no llega a tiempo, no sé en verdad que hubiera sido de nosotros.

Entonces papá ciego de cólera, se montó en su caballo y salió de la casa a toda prisa.

Mi madre ayudó a levantar a mi hermano del piso y lo llevó a la cama. Luego buscó una botella de agua oxigenada y comenzó a pasársela por cada una de las heridas que papá le había causado con la correa. Mi hermano no se dejaba curar debido a que las heridas le estaban doliendo mucho, pero mamá le decía: <<deja que te cure hijo, para que no vayas a coger una mala infección y para que te sanes pronto>>.

Te juro mamá, que se va arrepentir de haberme pegado -dijo mi hermano Josué ahogado en llanto.

No te preocupes mijo que muy pronto no va a tener a quien pegarle más, porque nos vamos a ir y lo vamos a dejar solo para que se fastidie. Ese viejo cascarrabias, no merece que nadie lo acompañe y lo quiera>>.

Al otro día temprano mi hermano se vistió con una camisa de mangas largas, para ocultar las marcas que mi padre le había hecho, con la correa, en ambos brazos. Y, sin decir a donde se dirigía salió de la casa lo más tranquilo.

Mamá estaba tan afanada en sus quehaceres, que ni siquiera se dio cuenta que él había salido. Luego a eso del medio día comenzó a salir un humo negro cubriendo toda la hacienda del cañaveral de los Diez. Y enseguida se corrieron los gritos y los rumores de las personas diciendo: -se están quemando las cañas. Parece que alguien las encendió. Mi madre salió inmediatamente para ir a ver y mis hermanos y yo nos fuimos con ella.

Daba terror, ver como se quemaba, todo aquel cañaveral. Las llamaradas enrojecidas, ardían con velocidad, mientras que el viento, esparcía el humo negro, por todas partes.

Algunos niños, al ver salir las llamas del cañaveral, comenzaron a gritar: ¡Que viva la candelaria! Y nosotros también comenzamos a gritar lo mismo, pero mamá nos regañó y no dejo que siguiéramos gritando.

De pronto mamá se dio cuenta, de que mi hermano Josué, no estaba allí con nosotros y muy asustada, comenzó a preguntar:

<< ¿Qué pasó con Josué? ¿A dónde está? ¿Ustedes no saben para donde se fue ese muchacho?>>. No mamá. El salió bien temprano en la mañana y no dijo para a donde iba –le dijo mi hermanito Ámel.

Mamá se llenó de inquietudes y sin perder tiempo alguno, nos dijo:

–Vamos a buscar a ese muchacho, antes de que oscurezca.

Nos fuimos camino abajo, pero cuando yo estaba pasando, por debajo de un árbol de mango de piña, que había cerca de la casa de doña María, me asusté muchísimo cuando se desprendió un mango y casi me pega en la cabeza. Entonces mire hacia arriba y vi a mi hermano que estaba sentado en una de las ramas de la parte alta del árbol como si hubiese sido un mono.

El enseguida me hizo señas para que me quedara callada y no dijera nada. Tal y como me lo pidió lo hice y seguí detrás de mamá como si no hubiera visto a nadie.

A todas las personas que mamá encontraba por el camino le preguntaba que si habían visto a mi hermano Josué, pero todos decían que no y mamá continuaba buscándolo y diciendo: –tal parece que a este muchacho se lo ha tragado la tierra. Vamos de vuelta a la casa y que a parezca cuando quiera. Eso sí, espero que llegue a la casa antes de que su padre regrese porque entonces sí que termina de matarlo.

Nos sorprendió la noche y mi hermano sin llegar a la casa. Mi madre nerviosa porque no aparecía por ninguna parte, e incendió uno y otros cigarrillos. Ya se había fumado más de una cajetilla.

Entonces yo molesta con tanto humo de cigarrillo, le dije a mi madre que yo había visto a mi hermano y que él estaba bien. ¡Bandida! – Me dijo–, ¡por qué hasta ahora, me lo vienes a decir! Vamos a buscarlo ahora mismo.

Fuimos a buscarlo, pero ya él no estaba allí. Entonces mamá molesta me dijo: – ¿Tú estás segura de que lo viste aquí, nena?

<<Si mamá, yo lo vi trepado en el cucurucho de ese árbol de mango, pero él me hiso señas para que no dijera que él estaba aquí. Ahora no lo veo por ninguna parte.

Claro niña, ¿cómo tú vas a crees que él va a pasar todo el día engancho en las ramas de ese árbol? Solo Dios sabe adónde se fue ese muchacho–dijo mamá preocupada.

Bueno mi hermano no vino a dormir, pero que mi padre tampoco llegó en toda la noche.

Mamá pensó que mi hermano se había ido para la casa de sus padres y se levantó de madrugada y nos pidió que nos vistiéramos lo más pronto posible, porque nos íbamos a ir a casa de sus padres a buscar a Josué. Ella estaba bien segura, de que él se había ido para allá. Exactamente, así fue, tal y como lo había pensado mamá.

Llegamos a la casa de mis abuelos y allí encontramos a mi hermano muy bien acomodado durmiendo en la cama de abuelo. Mamá se le acerco y lo comenzó a mover para que se despertara, pero en ese mis instante, abuelo la sorprendió diciéndole: <<Deja ese muchacho que duerma. El pobre está casi muerto, por todo lo que ha caminado, para llegar hasta aquí. Bueno, espero que su padre no venga para acá a buscarlo, porque se las va a ver conmigo>>.

Bueno, nos pasamos casi una semana en casa de mis abuelos y despúes regresamos de nuevo a nuestra casa. Cuando llegamos papá nos recibió como si nada hubiese pasado. Esa fue la suerte; pero al cabo de unos cuantos días "volvió la burra al trigo." Papá salió temprano en la mañana y cuando regresó a la casa, vino que parecía una fiera.

Desde que entró por la puerta fue peleando y pateando cuanto encontraba a su paso. Gracias a Dios que mamá no estaba en la casa en esos momentos, porque de lo contrario, no sé qué hubiera sido de ella, ante la ira que traía mi padre cuando llego de la calle, ese día.

¿Dónde está tu mama? >>preguntó muy enojado.

—Mamá está lavando la ropa. —le dije.

Entonces él se llevó la mano al bolsillo y caminando hacia la puerta del cuarto de mamá dijo:

—Ven ustedes esta navaja que tengo. La voy a poner arriba de esta puerta, porque con ella un día de estos le voy a cortar el pescuezo* a tu madre para que no ande más con la pata alza.

Mi hermano y yo nos asustamos muchísimo al oír a mi padre decir esas cosas y sin perder tiempo alguno nos fuimos a donde estaba mamá para decirle lo que mi padre había hecho con la navaja y lo que había dicho. Mi madre se puso un poco nerviosa y enseguida nos dijo:

—La verdad que eso que ustedes me están diciendo me preocupa mucho, porque no dudo que un día de estos tu padre llegue borracho y me corte el cuello tal y como lo ha dicho. De un loco como ese no ha de esperarse nada bueno.

Esa noche yo no pude dormir casi nada, pendiente a que mi padre fuese a despertar y cogiera la navaja para herir a mama. Pero que mi madre y mis hermanos tampoco pudieron dormir bien con la misma preocupación. Así asustados y con todo el sueño que teníamos nos fuimos ese día para la escuela.

DIEZ

LA MAESTRA COGIÓ EL borrador, borró la pizarra y luego se paró felizmente enfrente de la clase y dijo: <<Niños guarden todos sus libros que ya es hora de ir a la casa.

No había terminado bien la maestra de decir bien la última palabra, cuando ya todos los niños habían guardado todo y se disponían a salir tan pronto la maestra saliera afuera a tocar la campana.

Todos los niños salían corriendo. Felices, porque el día de clases había finalizado e iban a encontrarse con sus padres en el portón de la escuela. Aunque yo sabía que no había nadie esperándome, disimulaba y también salía corriendo detrás de ellos.

Algunas veces, me quedaba en el salón ayudándole a la maestra a organizar los pupitres y después la acompañaba hasta su auto, cargándole los libros que pesaban más que los pecados de un condenado arrepentido.

Mi sobrino Irán, estudiaba conmigo. Ambos estábamos en el mismo salón y en el mismo grado.

El día que el asistía a la escuela; cosa que no lo hacía con mucha frecuencia, caminábamos hasta la casa.

Cuando la maestra salía a la puerta, a tocar la campana, éramos los primeros que salíamos corriendo del salón, como alma que lleva Chanito*24.

Hoy día aun no entiendo porque lo hacíamos si en realidad nadie nos esperaba en el portón de la escuela y teníamos que caminar solos hasta la casa. Quizás lo hacíamos emocionados porque habíamos salido de la escuela y por presumir que también nos esperaban nuestros padres; aunque nos gustaba salir corriendo y gritar con los demás niños.

– ¡Weepa, weepa!, ¡échale, échale…! ¡Ya salimos…, ya nos vamos a la casa! –

La verdad, que no éramos los únicos, que caminábamos para la casa, porque la mayoría de los niños, también lo hacían.

---

24   El diablo

De hecho, que la escuela no estaba lejos de las casas en donde vivíamos.

Mas sin embargo, mi sobrino y yo no teníamos la dicha de encontrarnos a nuestra madre, o a un miembro de la familia aguardándonos el portón de la escuela. Al contrario, teníamos que caminar más de media hora, por caminos estrechos, en medio de los montes y quebradas.

Aunque yo tenía la opción, de caminar a mi casa por carretera, prefería acortar por el bosque, porque era más fresco, ameno, encontraba una que otra fruta para comer y le servía de compañía a mi sobrino Irán. Aunque él no se lo merecía.

Se iba corriendo y se escondía detrás de la maleza, o si no se subía a un árbol y cuando yo me aproximaba, saltaba de momento y me brincaba en sima asustándome.

En otras ocasiones, si veía a un sapo o a una culebra como sabía que yo le tenía miedo, los agarraba para hacerme correr y luego me los tiraba encima.

Algunas veces, cuando íbamos cruzando la quebrada, me empujaba adentro de los pozos de agua. Entonces a mí no me quedaba otro remedio, que entrar a su casa, para que su abuela me secara el uniforme con la plancha, porque si llegaba a mi casa con el mojado mis padres me daban una paliza.

A pesar de que mi sobrino era tan cruel conmigo, prefería que me acompañara para no irme sola por ese bosque, que me causaba tanto miedo. Además cuando caminábamos juntos, el camino se me parecía más corto.

Un día mi sobrino no vino a la escuela y para colmo estaba lloviendo a cántaro. Por lo general cuando llovía, casi siempre, mi madre, mandaba a mis hermanos a buscarme, por la razón de que había inundaciones y el camino se ponía muy peligroso para yo irme sola a la casa.

Con la esperanza de ver venir alguien a buscarme me pare en frente de la escuela. Mientras esperaba detenidamente, observaba a los niños, alejarse de la escuela, acompañados por un familiar.

La verdad que me dolía en el alma y me llenaba de envidia al ver a los niños irse a sus casas acompañados por sus familiares. El tiempo iba pasando a toda prisa, y me calmaba los nervios comiéndome las uñas, pero ya casi no me quedaba otra uñita más para seguir comiéndomela. Las yemas de mis dedos estaban en la carne viva. Los ojos me ardían de mantenerlos fijos a lo largo de la carretera para ver si veía venir a uno de mis hermanos a buscarme.

Después de esperar por más de media hora, mojada como un pollito, me decidí caminar hacia la casa. En eso siento el ruido de un carro que se me acercaba. Luego veo el carro detenerse junto a mí. Efectivamente, era doña Sira, que había venido a buscar a su hija Mónica, que también estudiaba en la misma escuela.

—Ven Lucecita. Súbete al carro, que te vamos a llevar a la casa.

—Gracias doña Sira, pero no puedo irme con ustedes. Mi papá no me ha dado permiso para irme en carro público. Además, yo no tengo dinero para pagarle al chofer –le respondí.

—Por eso no te preocupes nena, tu padre me tiene dicho, que siempre que te encuentre, sola por la carretera, que te lleve a tu casa, que después el arregla conmigo –Me dijo don Víctor (el chofer). Tan pronto terminó el chofer de hablar, le di las gracias. Entonces, en ese mismo momento, doña Sira Me preguntó: <<Oye nena, ¿Por qué no vino nadie a buscarte?>>. —No sé– le respondí–.

—Yo creo que en tu casa ha pasado algo, porque hoy a eso del mediodía, vi a tus abuelos, entrar a tu casa, con muchísima prisa.

— ¡Huy! doña Sira, no me diga eso, que me asusta –le dije muy asustada.

<<No, claro que no te lo estoy diciendo para asustarte; sino que como tus abuelos nunca los visita, pues ´eso me dio curiosidad. Y, más aun que hace bastante tiempo que no veo a tu mamá.

<<Oye Lucecita, ¿dime que ha pasado con tu mamá, que ya no se deja ver? ¿Acaso está enferma?>> –siguió doña Siria con sus interrogaciones.

—No señora, mi madre no está enferma –le respondí molesta por sus preguntas y por el mal tiempo que estaba haciendo.

En ese momento, hubiese preferido estar sorda, y que el chofer condujera a toda velocidad para llegar a la casa lo más pronto posible y no seguir escuchando a doña Sira

Me limpié la nariz con un pañuelito, que tenía en el bolsillo de mi uniforme y después me acerqué bien a la ventana y me puse a ver como bajaban las corrientes de agua sucia, por las cunetas de la carretera. Así podía disimular un poco los nervios y evitar darle la cara a doña Sira, para que no me hiciera más preguntas.

Era tan fuerte la lluvia, que estaba cayendo en ese momento, que ni siquiera me di cuenta que ya había llegado a la entrada de mi casa. Me bajé del auto ligeramente, dándole las gracias a don Víctor por haberme traído a la casa. Luego me fui corriendo para no esperar a doña Siria y a su hija Moni, que también tenían que ir por el mismo callejón para llegar a su casa. Cuando estaba en mitad del callejón me detuve para decirle adiós a mi amiga Moni y a su mamá.

–Adiós doña Sira.

–Adiós Lucecita –me dijo Moni.

Adiós Moni. Nos vemos mañana en la escuela –le respondí mientras subía corriendo hacia a mi casa.

Corrí lo más rápido que pude para no mojarme y entrar en la casa antes de ser vista por mi otra vecina; doña Eme; aunque estaba lloviendo a cántaro y lo más lógico era que estuviera durmiendo, como acostumbraba hacer, en las tardes cuando llovía.

De veras, que pensé que hubiera sido lo mejor, porque ya había sido suficiente con las interrogaciones de doña Siria, y en esos momentos no deseaba hablar con nadie, y mucho menos detenerme a ser interrogada por doña Eme. Lo único que quería hacer era averiguar a donde estaba mi madre y el resto de mi familia.

Doña Eme, era una señora trigueña de algunos 70 años de edad. A pesar de su avanzada edad, aún se mantenía muy joven y saludable. Tenía el cabello teñido por las canas y se hacía un moño grandísimo en medio de la coronilla. Vivía con sus cuatro hijas y con tres hijos. No tenía marido porque la había abandonado por otra mujer.

Doña Eme, se la pasaba todo el Santo día parada o sentada en el balcón de su casa, pendiente de todas las personas, que por allí pasaban, para hacerle todo tipo de preguntas y así entretenerse y emplear el día en algo que hacer. Especialmente, lo hacía con el propósito de enterarse de los problemas y de los chismes que ocurrían en el vecindario.

Algunos vecinos la llamaban el imparcial, en mi casa la apodábamos La Confesa, porque comenzaba preguntándole a uno hasta del día en que uno se iba a morir. Sus preguntas eran simples pero incomodaban; especialmente si la persona estaba cansada. – ¿Pa'a dónde va mijo/a? ¿A dónde estabas? ¿Qué estabas haciendo? ¿Y tú papa a donde está, que no lo he visto hoy?¨etcétera.

Sin duda alguna, esa señora era la señora más metiche y chismosa de todo el barrio, y por supuesto, esa tarde lo menos que yo deseaba era encontrármela en el balcón de su casa.

Para colmo, su casa estaba ubicada justo enfrente de la mía, y era casi imposible evitar que me fuera a ver. Lo único que me podía librar de no encontrármela era el tremendo aguacero con rayos y centellas, que estaba cayendo. Era lo único que podía mantenerla fuera del balcón, porque casi siempre que llovía, la gente se acostaba a dormir y ella quizás era una de esas.

ONCE

ACOMPAÑADA POR MI PERRA Canela, abrí la puerta de mi casa y me dirigí a la cocina, con la esperanza de encontrar a mi madre preparando la cena. Pero recibí un gran disgusto al ver que ella no estaba allí. La llame varias veces pensando en que podía estar en algún rincón de la casa, pero no me respondió. Entonces salí al patio para ver si la veía por algún lugar, pero nada que ver. Ni rastros de ella encontré, pero que tampoco de mis hermanos.

De pronto mi perra Canela, salió como loca ladrando y fui a ver a quien le estaba ladrando. Efectivamente, era doña Eme La Confesa, que venía bajo un paragua, subiendo por el camino empinado hacia a mi casa.

Por primera vez en mi vida me alegré al verla. Necesitaba saber a dónde estaba mi madre y por supuesto, quien mejor que ella para decírmelo.

Cariñosamente bajé la lomita del camino para recibirla.

—Mira muchacha, ven acá que vengo a decirte algo —me dijo fatigada por el cansancio que le causaba subir a mi casa.

<<Venga doñita. Siéntese en la hamaca y después cuando descanse un poco, me cuenta a que vino>> —le dije muy agradecida por su visita.

— ¡Escúchame acá Lucecita, préstame atención a esto que he venido a decirte! —Esta mañana vinieron tus abuelos, con uno de tus tíos, y enseguida los vi salir cargando unos bultos y después vi a tu mama saliendo de la casa con los tres nenes. Bueno todos se fueron juntos. Más tarde vino tu papá del trabajo y salió de la casa como un cohete. Te digo que estaba enfurecido, porque cuando le pregunté que si le pasa algo, enseguida me mando al infierno a jorobar.

Bueno, debe haberle pasado algo malo, porque es la primera vez que se porta grosero conmigo. Ahora, nena tú sabes que yo siempre estoy pendiente de todo lo que pasa con mis vecinos, y dada a las circunstancias, y a lo que he visto hoy, sospecho que tu mama se fue de la casa y te dejó. Ahora, es mejor que nos vayamos a la casa, para seguir contándotelo. Ya está casi de noche y no es bueno que te quedes aquí sola, además, tengo miedo a que tu padre regrese y me vuelva a mandar para el infierno.

<<No señora, yo no voy con usted para ningún sitio. Yo me voy a quedar aquí hasta que vengan mis padres y mis hermanos. Yo sé que mi mamá ya está por llegar a la casa, porque eso que usted me está diciendo no es cierto>> –le dije molesta y muy nerviosa por lo que me había contado acerca de mi madre.

¡Escúchame niña! No lo tomes a mal, pero yo te digo lo que vi y lo que escuché decir por ahí –me dijo maliciosamente en el momento en que se ponía de pies para irse.

En el momento en que se fue a ir doña Eme llego mi padre con mis hermanos.

Enseguida me di cuenta de que mis hermanitos venían llorando. Fui inmediatamente a cargar a mi hermanito más pequeño y a preguntarle porque lloraba, pero en eso papá me dijo que no era el momento para preguntas que me fuera con ellos al cuarto, que el después me contaba lo que estaba pasando con ellos.

En ese mismo instante doña Eme se dispuso a irse casi corriendo, pero papá la detuvo diciéndole: –no se vaya doña Eme quédese aquí con mis nenes, porque hoy más que nunca ellos la van a necesitar. Es más si es posible traiga a sus hijas para que se queden aquí con ellos, porque yo tengo que salir arreglar unos asuntos y ellos no se pueden quedar solos en este momento. ! Ah!, le ruego me perdone la grosería que le gasté al mediodía, porque en ese momento estaba muy confundido.

Está bien le perdono, y ahora, dígame usted., ¿es cierto que Lía se fue a los Nuevayores?*[25] –le preguntó doña Eme asustada, temiendo a la reacción violenta de mi padre.

<< ¡Caramba! Doñita, si usted lo sabe por qué pregunta –le dijo papá y en eso se fue a buscar uno de sus caballos y en menos de media hora lo ensilló y salió montado en el de la casa.

Yo me sentía confundida. No podía creer que mi madre se había ido. Pensaba que era mentira, que solo se trataba de un mal entendido de la vecina.

Después que se fue papá, subí de nuevo a la casa para ver si mi madre me había dejado algún papelito escrito, diciéndome a donde se había ido, pero no encontré nada.

---

[25] Nueva York

Ya no sabía que más hacer, y que pensar. Me sentía triste, asustada y confundida. Pensaba en la navaja que había escondido mi padre en la viga de la puerta. Pensaba en lo que me había dicho doña Siria y en que mi padre, llegara borracho de un momento a otro, y no encontrara a mi madre en la casa. Entonces sin encontrar que más hacer, salí al patio para seguir hablando con doña Eme, pero no la vi por ninguna parte y me di cuenta de que se había ido y se había llevado a mis hermanitos.

Entonces me senté en la hamaca, que estaba debajo del árbol de tamarindo, a esperar que ella regresara con mis demás hermanos. También alimentaba la esperanza de ver subir a mi madre por el camino hacia a la casa.

Me dio mucho miedo al ver como estaba cayendo la noche y ver como se ocultaba el sol detrás del Cerro Gordo. Miraba a todos lados y de vez en cuando, fijaba la mirada en el camino real, para ver si veía

Venir a mi mamita y a mis demás familiares.

Nerviosamente me sentaba y me levantaba de la hamaca para caminar de un lado a otro, tratando de calmarme un poco. De pronto me detenía a contemplar la casa donde vivía y sus alrededores.

En mi imaginación veía a mi madre sentada en frente de la puerta, muy entretenida tejiendo y también veía a mis hermanitos jugando y corriendo en sus caballitos de palo de un lado a otro.

De pronto, me sorprendió mi perra Canela, cuando salió ladrando y corriendo de un lado a otro, como tratando de decirme algo. Luego se fue corriendo camino abajo y yo también me fui corriendo detrás de ella.

En mitad del camino, me encontré con mis hermanos mayores y con mi padre. En ese mismo instante, llegaron las hijas de doña Eme con mis dos hermanos pequeños.

Bueno, como me urgía saber a dónde estaba mi madre, inmediatamente les pregunte a mis hermanos por ella. Pero en ese momento, papá salió diciendo con voz entre cortada:

—Vengan todos acá a sentarse aquí a mi lado, que les voy a decir a donde se fue su mamá.

—Evidentemente, su madre se fue a Nueva York a vivir con sus hermanos y posiblemente no va a regresar. Hace más de una semana que ella se lo había dicho a Franco, pero el gran bribón ese, no me dijo nada hasta ahora; y eso porque fui a su casa a preguntarle si tenía noticias de ella. Desde luego, que pensé que eso que él me dijo no era cierto. Jamás iba yo a pensar que esa mujer fuera capaz de irse y abandonarlos. Una madre nunca se va y abandona a sus hijos, por más problemas que tenga.

Cualquiera pensaría que se volvió loca. Ahora, discúlpenme ustedes por decirles estas cosas tan dolorosas; pero esa es la realidad.

La verdad que lo siento mucho decírselos, porque por más que sea, ella es su madre y sé que no es nada fácil para ustedes quedarse sin ella —terminó diciendo papá muy conmovido por nosotros.

– ¡Dios mío! Esto que usted está diciendo yo no lo puedo creer –dijo mi hermano Ámel.

Yo tampoco lo creo. Ella no puede haberse ido sin llevarnos con ella –dijo mi hermano Angelino.

Yo tampoco lo puedo creer papá dijo mi hermano Josué, pero no voy a contradecir, lo que usted nos ha dicho.

Yo tampoco lo creo papá –Ahora mismo me voy a sentar en las escaleras de la puerta a esperarla. Y, sin decir una palabra más, me levanté de su lado, caminé hacia a la puerta y me senté en las escaleras de la casa.

Mis hermanos también se fueron detrás de mí y todos nos sentamos en las escaleras, con el fin de ver llegar a mamá.

Papá se levantó de la silla, cogió el sombrero que había puesto en un gancho detrás de la puerta, se lo puso, y después se dirigió hacia la cocina, buscó su machete y se fue camino abajo, hacia la casa de uno de los vecinos.

–Allá va papá a hartarse de ron con don Pello– dijo Angelino, molesto por las cosas que nos había dicho papá. En ese momento, Mark y mi prima Chana, llegaron a la casa y nos confirmaron que era cierto, que mamá se había ido a Nueva York.

Mi desconcierto era tan grande que no pude aguantar más y comencé a gritar fuertemente y desconsolada. Mis demás hermanos también comenzaron a gritar y en menos de media hora, se llenó la casa de gente. Todos los vecinos llegaron de inmediatamente, porque creyeron que en mi casa alguien se había muerto.

La verdad del caso, que cuando se enteraron que estábamos llorando porque mamá se había ido, y nos había dejado se afligieron muchísimo y permanecieron a nuestro lado, tratando de consolarnos. Horas después, llegó mi medio hermano Franco, y les dijo que ya se podían ir, porque él había llegado a pasar la noche con nosotros para cuidarnos.

Algunos de los vecinos más cercanos, querían llevarnos a sus casas para apoyarnos y protegernos, pero en ese momento también llegó papá, y de ninguna manera se los permitió. Al contrario, les dijo que era mejor que nos quedáramos solos para que nos fuéramos acostumbrando y además, ya estábamos bastante grande y nos podíamos cuidar unos a otros.

Después de unas cuantas semanas, papá me pidió que copiara una carta que me iba a dar. Sin sospechar siquiera las implicaciones ni de que trataba la carta, me dispuse a copiarla.

La carta leía así:

Señora fulana de tal, le escribo esta carta para decirle que gracias por irse de la casa y dejarnos abandonados. Quiero que usted sepa que el día que nos abandonó dejo de ser nuestra madre. Tanto yo como mis hermanos no queremos saber nada de usted. Así es que olvídese de nosotros y no se atreva venir a buscarnos porque de ninguna manera nos vamos a ir con Usted. Nosotros estamos muy bien con papa y nos vamos a quedar con él.

Atentamente su hija--.

Cuando me di cuenta de la injusticia tan grande que estaba cometiendo mi padre, al obligarme a copiar esa carta, me negué rotundamente a copiarla, diciéndole a papá que yo no quería copiar esa carta, porque nada de lo que decía era cierto; al contrario, yo quería mucho a mi mamá y además no le quería faltar el respeto, ni ofenderla con esa carta. También le dije que mi abuela me había dicho que ella nos iba a mandar a buscar, y cuando ese día llegara, todos nos íbamos a ir con ella.

Pero el furioso me dijo: – Mira nena, eso que dijo tu abuela es mentira. Tu mamá se fue y los abandonó. En realidad ella no los quiere. Ella es una mala madre, porque una madre buena, no deja a sus hijos botados y se aleja de ellos.

Fíjate bien, una niña criando niños desde que deberías estar en la escuela estudiando. Y, todo eso por culpa de tu madre. Acaso tú crees que eso es justo, que ella este por allá por los Nueva llores*[26], dándose buena vida y tu aquí sin poder ir a la escuela y de esclava cuidándole sus hijos.

Todas esas cosas, que me estaba diciendo mi padre, me estaban enloqueciendo, y ya no sabía que pensar ni que hacer. De pronto no pude escucharlo más y llena de ira, agarré el bolígrafo y sin pensarlo dos veces, firmé la carta y la metí en el sobre que me había entregado papá. Entonces, papá satisfecho por haber firmado la carta, me dio otro sobre y me dijo: –Toma, aquí en este sobre esta la dirección que vas a poner aquí en este lado. Cuando vi el nombre de mi madre y el mío escrito en el sobre, me sorprendí. Inmediatamente me di cuenta de que mamá me había escrito esa carta, y que papá no me la había entregado. Molesta con

---

[26]   Nueva York

mi padre, le pedí que me entregara la carta que estaba dentro de ese sobre para leerla, pero el disimulando me dijo que la había guardado y que más tarde me la daría.

Yo me sentí muy enojada e inquieta, por saber lo que decía la carta y fui y se lo dije a mis hermanos (Ámel y Angelino) y enseguida comenzamos a buscar la carta por toda la casa, pero no la pudimos encontrar por ninguna parte. Entonces me resigné a esperar que mi padre me la diera, pero desafortunadamente, él nunca me la dio y nos quedamos ansiosos por saber lo que mamá nos había mandado a decir, en esa carta. Además estábamos preocupados porque no sabíamos nada de ella y esa carta era nuestra esperanza.

DOCE

SE FUE MI MADRE y me quedé sumida en un terrible abismo, en el que creí que jamás ni nunca, iba a poder salir. ¡Qué iba a hacer ahora, sin la presencia de mi madre! –pensé–. La única, que me apoyaba y en la que podía confiar plenamente. Jamás había pensado, que se marcharía sin llevarme con ella. Yo, la única niña, que había dado a luz, en medio de seis hijos varones, dentro del matrimonio que tuvo con mi padre

<<Al menos, se hubiera llevado a la niña, por ser la única mujercita o mejor se hubiera llevado, al niño de dos años, por ser el más pequeño. Pero... a pesar de exponerme todas estas razones, bien sabía, que eso no hubiera sido posible. Más bien, tuvo que haber salido corriendo de la casa; huyendo como una vil "ladrona", para salvar su vida y liberarse del martirio que estaba viviendo al lado de mi padre>> –pensaba frustrada.

Durante ese tiempo, tuve que dejar la escuela, para quedarme en la casa, cuidando a mis hermanos más pequeños y hacer los quehaceres del hogar.

La verdad que tuve que cambiar, mis juegos de muñecas, por los trastes de cocina y también ocupar el tiempo libre, que tenía para estudiar y jugar con mis amigas; cocinando, lavando y planchando las ropas, de mis hermanos y la de mi padre.

Bendito Dios, que me había dado unos hermanos que me ayudaban. Unos hermanos buenos, fuertes y valientes, que no le temían a nada, ni a nadie, y sabían enfrentarse a cualquier situación, por más dolorosa y difícil que fuera. Efectivamente, y dicho sea de paso; éramos, unos hermanos, muy unidos y nos queríamos y nos apoyábamos mutuamente; sin pelearnos y sin rencores. Pues no había motivos para tenerlos, porque lo que era de uno, también era del otro; sin reparo alguno.

Para ser honesta y decirles la verdad...eran los hermanos más buenos del mundo. Lástima que dos de ellos, hayan tenido tan trágico fin.

Pero nada, para que venir ahora con lamentos. "Ya es muy tarde para sembrar habas"... "No se puede revivir árbol que esta ya caído", "ni hacer de tripas corazones".

Bueno, lamentablemente ya no había vuelta atrás y la vida continuaba.

Recuerdo que en unas navidades, uno de los vecinos, mató unos cerdos y nos llevó unas cuantas libras de carne. Más tarde, nos visitó otro vecino, con el fin, de que le regaláramos un racimo de guineos, para hacer pasteles, y con mucho gusto se lo dimos. Entonces, después que se fue el vecino, a mi hermano Angelino, se le ocurrió que nosotros también podíamos cortar otro racimo de guineos, y hacer pasteles. Como ya teníamos la carne, nos fuimos y cortamos los guineos y las hojas y comenzamos a preparar los pasteles; tratando de hacerlos de la misma manera, en que mamá los hacía.

Bueno, estuvimos casi el día entero, haciéndolos y cuando ya estaban listos para comer, nos sorprendimos muchísimo, por lo sabrosos que nos habían quedado, pero que también nos reímos un poco, al ver el color de los pasteles. Pues a pesar de que le habíamos, echado bastante manteca con achiote, nos quedaron más negros que el carbón; pero...aun así nos hartamos de ellos con arroz blanco. Después de todo, esa era la combinación perfecta para complementarlos.

Ah, pues bien, después que comimos de ellos, mi hermano Angelino y yo, escondimos los pasteles que quedaron para que nadie los viera y se burlara de ellos; ya que nos habían queda más negros que la noche. Pero mi hermanito Monchito, no supo guardar el secreto, y tan pronto llegó papá del trabajo, felizmente le mostró su barriguita llena, por los pasteles con arroz que se había comido. Más orgullosamente dijo: "Me jarté*[27] de patele*[28] y ajó*[29] que lo*[30] muchacho hiso". Entonces no tuvimos otro remedio, que dejarle saber a papá, que habíamos hecho pasteles; pero que los habíamos escondidos porque nos habían quedado más negros que la noche. Papá sorprendido, nos dijo: —echen para acá esos pasteles, que traigo un hambre espantosa. Estoy que me como hasta el parto de una negra—. Pero cuando vio los pasteles, (que lucían más negros aun al lado del arroz blanco), después de reírse un poco al verlos, comenzó a comérselos y con la boca llena, nos dijo; estos pasteles le quedaron buenísimos, aunque un poquito prietos; pero lo que importa es el sabor, y no el color. El color es lo de menos.

---

[27] harté
[28] Pasteles puertorriqueños
[29] arroz
[30] los

¡Acaso mi hijo Franco; que me salió negrito, tampoco nos sirve!, pues no se vale señores; también los negros son hijos de Dios y son muy importantes.

A mis nueve años de edad, mi vida no fue nada fácil. Me dolía y me preocupaba no poder ir a la escuela. No poder jugar con mis amiguitas, tener que aguantar las repugnancias de mi padre y las borracheras que se daba de vez en cuando. Y, peor aún, no tener a mi madre cerca de mí, para que me mimara, me consolara y me protegiera de los peligros.

Se me partía el corazón y el alma en miles y miles de pedacitos al ver a mis hermanitos solos, sin su madre. También cuando ellos me preguntaban por ella y me pedían a gritos, que la fuera a buscar o que los llevara con ella, porque les hacía mucha falta. La querían ver y estar a su lado. Por mis hermanos mayores; aunque me hacían mucha falta, no me inquietaba, porque ya ellos estaban grandes y cada uno de ellos se había ido por su lado.

Vivía con mi corazón destrozado y en un laberinto de telaraña, al ver a mi familia deshecha, yendo por caminos opuestos e aislados. Especialmente mi madre, que tanta falta me hacía.

Un día llegó un amigo de mi padre a visitarlo y a tomar ron caña con él hasta emborracharse. Era un señor de algunos 65 años de edad. Por cierto, muy enamorado e insolente. En ocasiones se me acercaba diciéndome que yo era una niña hermosa y luego trataba de tocarme. De hecho, que yo lo ignoraba y me alejaba; pero en algunas ocasiones me fastidiaba tanto, con sus insinuaciones y molesta le decía que no se me acercara, ni me tocara, porque se lo iba a decir a mi padre y a mis hermanos, para que lo sacaran de la casa a patadas.

Él se reía y salía diciéndome: –"Oye nena, quédate tranquila, que yo no te voy a tocar, ni te voy a hacer nada malo. Yo solamente estoy bromeando contigo; además no creo que te ofendo, con decirte que eres una niña muy hermosa". –Pues conmigo usted no tiene que bromear que yo a usted no le he dado confianza; aparte de eso, usted a mí me cae muy mal por ser un viejo atrevido– le decía furiosa.

La verdad, que yo no se lo iba a decir a papá y mucho menos a mis hermanos, porque no me gustaba envolverlos en problemas. Además ya había pasado un gran susto, con uno de mis hermanos, al darle las quejas, de que uno de sus amigos, me había atajado en el camino real, y se había propasado conmigo; tocándome el pecho y besándome a la fuerza.

Cuando le dije eso, a mi hermano, enseguida se puso furioso y agarró una navaja y se fue en busca de su amigo. Entonces lo encontró, tratando de pasar por debajo de unos alambres. Mi hermano se le fue encima y ambos comenzaron a darse golpes; pero como el tipo era más grande y más fuerte, que mi hermano, le estaba ganando la pelea. En eso mi hermano cayó al suelo y el tipo pensando que lo había matado a golpes, se descuidó; pero ahí mi hermano se aprovechó, sacó la navaja que tenía en el bolsillo y se la pegó de un brazo, causándole una herida larguísima.

Luego el joven, vino con su padre, a darle las quejas a papá por lo que había hecho mi hermano. Entonces papá llamó a mi hermano y le preguntó que por qué le había causado esa herida, a su amigo Cabo. Él le dijo que lo había cortado con la navaja, porque se había propasado conmigo.

Papá enfurecido, me llamó y me preguntó si era cierto, que el tipo, se había puesto abusivo conmigo. Yo le dije que sí. Entonces papá le dijo a don Pedro:

—Mire, vaya ahora mismo y denuncie a mi hijo por la herida que le causó a su hijo, que yo voy a ir a denunciar al suyo, por querer abusar de mi hija.

Cuando papá terminó de hablar, don Pedro salió diciendo: <<mire don, vamos a tratar de arreglar este asunto acá entre nosotros, que siempre hemos sido buenos amigos y no me gustaría que se eche a perder nuestra amistad, por las ignorancias de nuestros hijos>>.

—A mí no me hable usted de amistad, ni de diantre alguno; que desde este momento le digo, que el día que su hijo vuelva a propasarse con mi hija, le juro que voy a ser yo el que le moche la mano.

¡Vaya! —Dije entre dientes—.

Nunca había visto a mi padre tan enojado. Gracias a Dios que me arrepentí aquel día cuando le fui a decir que el señor Maloliente, se la pasaba enamorándome, cada vez que me veía. También que me había hecho correr por toda la pieza de caña y que por estar huyéndole, fue que me caí y se me despegó la uña del dedo gordo.

Bueno, hice bien con no decirle nada, porque a ese sucio, lo hubiese hecho picadillo y entonces sí que lo encerraban en la cárcel y botaban la llave.

Ahora bien, después de ese día me aprendí bien la lección y no volví a darle quejas a mi padre y mucho menos a mis hermanos. Nada de lo que pudiera comprometerlos en serios problemas. Sino que traté siempre de mantenerlos a ellos al margen de lo que me sucedía. Siempre buscaba la forma de defenderme sola.

Unos cuantos meses después de haberse marchado mi madre, llego un viejo amigo de mi padre a visitarlo y a jugar domino. Mientras jugaban se daban su palito de ron caña. Entonces después de haber jugado unos cuantos juegos, papá me llamó y me dijo que le prepara una sopa de pollo para él y el don. Entonces yo entré de inmediato a la casa y comencé a cocinar la carne de pollo y en menos de una hora ya le había hecho la sopa.

Entonces llamé a papá y le dije que ya la sopa estaba lista. Él me dijo que la sacara para que se fuera enfriando y que ya mismo subiría a comer con su amigo.

En eso, serví la sopa a mis hermanitos y fui al patio donde ellos estaban jugando y los traje para que se la comieran. En ese mismo momento me serví también una sopa y me senté a la mesa a comer con ellos. Después que terminamos de comer, fui de nuevo a llamar a papá para decirle que subiera con el señor a comer. Papá se paró de la silla bruscamente, y me siguió hasta la cocina y luego agarró el plato de sopa caliente y sin decirme una sola palabra, me la derramó encima de la cabeza.

Yo me sorprendí bastante y al mismo tiempo me dio miedo a que me fuera a causar más daño y para evitar a que eso sucediera salí corriendo de la casa y me fui a refugiar a la casa de mi hermano Mark; que hacía muy poco tiempo se había ido a vivir a una casita muy cerca de allí con su mujer.

Cuando mi hermano me vio llegar, llorando, sucia, bañada de caldo con achiote y con los fideos guindándome del cabello y por todo el cuerpo, se asustó muchísimo y enseguida me preguntó, que me había ocurrido. Nerviosamente y ahogada por el llanto comencé diciéndole: —papá estaba sentado de bajo del árbol de tamarindo, tomando ron y jugando dominó con don Félix y de pronto me llamó y me ordenó que le hiciera una sopa de pollo. Pero se molestó conmigo por decirle que subiera a comer porque ya la sopa se estaba enfriando. Entonces en ese momento se levantó de la silla bien enojado, subió a la cocina, agarró el plato de sopa caliente y me lo derramó por la cabeza.

— ¡Que! ¿Qué es eso que tú dices? Será que papá se volvió loco o que tú le dijiste algo que lo incomodó —dijo mi hermano Mark muy alterado.

<<No mijo, ya te he dicho lo que pasó, y no me digas que regrese a la casa, porque no me voy a regresar.

Ya no puedo soportar más a papá>>. —le dije ronca por todo lo que había llorado.

Está bien, si no quieres ir para la casa, no vayas. Yo no te voy a obligar. Ahora quítate esa ropa mojada y a Chana, que te busque una bata de las de ella, para que te la pongas y te acuestes a dormir, porque mañana bien temprano te voy a llevar a casa de Tío Sixto para que te quedes a vivir allá con ellos. Aquí no te puedes quedar, porque sería lo mismo que si te quedaras con papá y los muchachos.

Asustada le supliqué a mi hermano que me llevara esa misma noche, pero él me dijo que ya era demasiado tarde, para salir para allá arriba.

En eso mi hermano, miro a Chana y le dijo: —Anda no te quedes ahí mirando, y ve a buscarle una bata de las tuyas. Y, sino dale una camisa mía para que se la ponga y se quite esa ropa mojada – le dijo mi hermano molesto por lo que me había ocurrido con mi padre.

TRECE

AL OTRO DÍA CASI DE madrugada, salimos para la casa del tío de mi madre, llamado Sixto. Estaba casado y vivía con su esposa y cuatro de sus hijos más pequeños.

Él se dedicaba a la agricultura y a la venta de pitorro y su esposa a cuidar de los niños y de la casa; aunque para decir verdad, casi no podía hacer nada, debido a que siempre estaba enferma y se la pasaba en su cuarto acostada en su cama.

Cuando llegamos a la casa de mi tío, mi hermano le dijo: –tío, aquí le traigo a mi hermana para ver si usted puede dejarla quedar aquí con ustedes, en lo que mamá la manda a buscar de los Estados Unidos. Papá se la pasa bebiendo mucho y ha cogido con maltratarla y la pobre ya no se puede quedar allá para recibir más atropellos. Yo sé que la muchacha es muy ágil y como tía siempre está enferma, ella le puede servir de gran ayuda.

Bueno, mijo tú sabes que tanto yo como mi esposa los queremos muchísimo, y creo que no hay en el mundo, otro sitio mejor, donde la niña pueda estar, que aquí en mi casa –dijo tío con toques de pecho–.

Eso es así tío. Por eso fue que pensé en ustedes y se la traje de una vez. Ahora tío; le voy a pedir un favor y es que no le diga a mi padre que ella está aquí y mucho menos que yo fui el que la traje para acá. Porque yo no quiero tener más problemas con él –dijo mi hermano algo disgustado.

El mismo día que llegué a la casa, enseguida mi tío me envió a la cocina, para que le ayudara a su esposa, a preparar la comida y a fregar los trastes.

Luego una de sus hijas mayores, me pidió que la acompañara a sacar agua de un pozo, para darle de beber a unos caballos.

Yo me sentía agotada con el viaje y con sueño; ya que el día anterior no había podido descansar, ni dormir bien. Aparte de eso, quería ir a ver a otro tío de mi madre que también vivía muy cerca de allí, con un hijo.

Me interesaba ir a verlos, para hacerle saber que yo estaba allí viviendo. Además él era uno de los tíos favoritos de mi madre, y había vivido un tiempo en mi casa y mis hermanos y yo lo queríamos muchísimo; igual que a su hijo Lucho.

Entonces cuando le pedí permiso a mi tío para ir a su casa a verlos, enseguida me dijo que era mejor que lo dejara para otro día, porque ya era muy tarde y tenía que bañar a los niños para que se fueran temprano a dormir.

Al otro día mi prima me despertó a eso de las cuatro de la madrugada, para ir a sacar agua de un pozo para llenar unos cuatro barriles de agua, que su papá necesitaba para sacar ron caña. Yo me fui con ella a sacar el agua, pero casi no podía cargar las latas de agua, debido a que estaban muy pesadas y no hacía mucho tiempo, que me había caído de un caballo y me había roto un brazo.

Ese mismo día, después de terminar con esa fastidiosa tarea, tuve que llegar a la casa, a lavar más de una docena de pañales sucios de bebé, y algunas cotitas y vestidos de las niñas.

En casi todas las tareas, mi prima trataba de ayudarme, pero la pobre era menor que yo y aunque ponía todo su empeño, no podía hacer bien las cosas; además ella iba a la escuela y no tenía tiempo ni para jugar.

Yo también quería ir a la escuela, pero el día que le pedí a mi tío que me dejara ir con mi prima, inmediato me vino con engaños diciéndome:

—Para que vas a ir ahora, si ya casi se están terminando las clases, y muy pronto te vas a ir a los extranjeros con tu mamá—.

Sus palabras, me llenaron de aliento; al menos por un instante, porque más tarde, me pusc atar cabos sueltos y fui dándome cuenta de que mi tío no era sincero conmigo. Me estaba engañando. No quería mandarme a la escuela, para que me quedara en la casa de esclava. Y, con excusas trataba de motivarme, diciendo que mi madre muy pronto me iba a mandar a buscar.

Entonces pensé, y me pregunté a mi misma; ¿por qué tengo que estar sirviendo de esclava a mis tíos? Si es a mi padre, que está enfermo y a mis hermanos a quien verdaderamente tengo que servirle; mas sin embargo no lo hice.

<<Pues no señorita —me dije—, usted no nació para ser esclava de nadie. Mañana mismo se me larga de esta casa>>.

Esa noche me fui a la cama, pero casi no dormí pensando en cómo me iba a escapar y para adonde me iba a ir a vivir. Pensé en regresar con mi padre, pero me aterraba esa posibilidad y la descarté por el momento. Bueno de algo sí estaba muy segura y decidida y era de no permanecer otro día más en la casa del tío de mi madre. La verdad que no me sentía a gusto con ellos por el hecho de que me estaban tratando como si yo fuera una esclava o una huérfana desamparada, pero afortunadamente no lo era y no tenía que servirle de esclava a nadie. Yo tenía a mi padre y a mis abuelos; aunque eran muy regañones, pero me daban todo lo que yo necesitaba y no tenía que soportar humillaciones y ser el patito feo de otras personas. Al contrario mis sueños y mis metas eran otras y no iba a permitirle a nadie que me las fuera arruinar.

Al día siguiente, mi tía me despertó a la hora de costumbre para que fuera sola a llenar los barriles de agua, porqué mi prima estaba enferma y no podía ir conmigo a llenarlos. <<No hay problema tía. Ya mismo me levanto y me voy a llenarlos>> –le respondí.

Me bajé de la cama, lo más pronto que pude, recogí mi ropa y todas mis demás pertenencias y las coloqué en un bulto negro de piel y en una mochila que me había regalado mi abuela.

Después fui y me hice un lavado de gato, me tomé ligeramente una taza de café que estaba ya preparado en un termo y regresé al cuarto sin hacer ruido alguno. Cogí la mochila y el bulto, luego me fui al patio y coloque la mochila dentro del balde de buscar agua, me coloque el bulto en la espalda y a provechándome de que todos estaban durmiendo, salí de la casa.

Entonces me fui directamente al pozo de donde sacaba el agua, puse el balde en la orilla del pozo, saque mi mochila del balde y dije –por aquí es camino. A huir antes de que salga el sol.

Cuando iba por mitad del camino me encontré con un caballo suelto en medio del camino, entonces le cogí miedo y para que no me fuera hacer daño alguno, me subí a un árbol de mango. Allí estuve más de media hora esperando a que el caballo se fuera o se quitara del medio, pero el bendito caballo, estaba tan entretenido comiéndose unas yerbas casi secas, que por nada se movía de allí.

Entonces de pronto vi a un señor acercarse al árbol y sin perder un solo segundo lo llamé antes de que se alejara del área, para que me ayudara a pasar por el lado del caballo. El señor se sorprendió muchísimo al oír mi voz y mirando a todos lados descubrió que la voz que le había llamado venia de lo alto del árbol.

– ¡Cristiana de Dios! ¿Pero qué haces ahí trepada en ese palo? Anda y bájate de ahí antes de que te caigas y te partas el pescuezo*[31] –me dijo el señor un poco asustado.

---

[31]   cuello

<<Esta bien don ya mismo me bajo, pero por favor no se vaya para que me cruce del caballo, porque le tengo mucho miedo>> –le dije feliz por su aparición.

El señor camino hacia el árbol y me extendió sus manos para ayudarme a bajar hasta el piso. Después arrancó un matojo y se lo tiró al caballo para que se fuera a comérselo y se quitara del camino para que yo pudiera pasar.

–Mira niña, no le tengas miedo a los caballos, porque ellos son unos animales muy buenos y no le hacen daño a nadie. Puedes tenerle miedo a un prófugo de la justicia, un perro extraño, a un buey fajón o a cualquier otro animal salvaje, pero no a un caballo –me dijo amablemente–.

–Perdone usted, señor; pero yo tuve una mala experiencia, con uno de los caballos de mi padre, y no opino lo mismo que usted.

Fíjese, que el caballo estaba comiendo y uno de mis hermanos, me dijo que al caballo se le estaba saliendo una tripa. Que se la empujara para adentro y yo como no sabía que era una maldad, que me estaba haciendo mi hermano, me fui y metí la mano por debajo de la barriga del caballo y se la empujé, entonces el caballo se enojó y me dio una patada en la frente. El golpe y el susto que pase fueron tan grandes, que hasta me desmayé.

Cuando mi hermano Josué me vio tirada en el suelo, se asustó muchísimo y fue corriendo a buscar a mamá, que estaba en la cocina. Entonces cuando él le explicó a mí madre, por qué el caballo me había pateado, se puso furiosa y en vez de levantarme del suelo, me dio dos cantazos empeorando el dolor tan fuerte, que yo estaba sintiendo en ese momento.

–Ya me imagino cual fue la tripa que le empujaste al caballo. Y, créeme que el caballo solo quiso asustarte, porque si te llega a dar una patada, ahora tú no estuvieras viva para contarlo; de lo fuerte que patean esos animales –me explicó el señor.

–Oye tu muchachita. ¿Cómo te llamas y quien es tu papa? ¿Por qué andas sola a estas horas de la mañana?–curiosamente me preguntó.

¡Caramba don!,

¿Ahora usted me quiere sacar la partida de nacimiento? Bueno, mejor dígame quien es usted y yo le digo mi nombre y quien es mi papá.

¡Vaya niña, pero que lista me has salido! Pero no tengo por qué ocultarte mi nombre– Me llamo Fermín para servirle a usted señorita.

–Y yo me llamo Lucecita y soy la hija de Marcelo Guerra–para servirle a usted don Fermín y con mucha honra.

Bueno así entretenida hablando de una cosa y de la otra con el buen hombre, bajamos por todo el camino real hasta llegar a la casa de uno de mis medios hermanos.

En su casa, pasé el resto del día y de la noche y al otro día le pedí que me llevara al pueblo, porque quería ir a ver a una amiga que me había conseguido un trabajo de niñera. Él se negó a llevarme diciéndome que yo no tenía que trabajar en ningún sitio de niñera; que lo que en verdad debía hacer, era regresar a la casa con mi padre y mis hermanos. Yo no le dije nada ni me negué a ir para no contrariarlo, pero al otro día esperé a que el saliera de la casa y cogí un carro público y me fui al pueblo.

CATORCE

AL LLEGAR AL PUEBLO le pedí al chofer que me dejara en la calle principal y de ahí caminé en busca de la casa que trabajaba mi amiga de niñera, pero como no la pude encontrar, entre en un pequeño supermercado para pedir información acerca de la dirección que estaba buscando.

Me acerqué al mostrador y le mostré el papelito sudado, que traía en mi mano a la señora que estaba detrás del mostrador. Ella lo leyó y después me preguntó que para que quería encontrar a esas personas. Yo le dije que una amiga mía, me había recomendado con esas personas, porque necesitaban una niñera y yo quería ir hablar con ellos para ver si me ocupaban para ese trabajo.

– ¡Ah, tu estas buscando trabajo!, pues mira, pasa para acá que yo quiero ofrecerte un trabajito y si te gusta y estás de acuerdo, desde hoy empiezas a trabajar conmigo. ¿Qué te parce? ¿Hablamos? –me pregunto amistosamente.

–Claro que si señora. Trabajar es lo más que deseo –le respondí muy contenta por su ofrecimiento.

Mira, ahora ven conmigo para que conozcas a mi mamá y te tomes un refresco con nosotras, y al mismo tiempo aprovecho para hablarte de que consiste el trabajo.

Yo seguí detrás de ella por medio de un montón de filas de cajas de sodas, de todas clases, mientras ella espantaba con un palo, que agarro del suelo, a unos gatos que estaban encima de las cajas de botellas, tratando de tirarlas al piso.

– ¡Zas, zas, zas!… Estos gatos no encuentran ya adonde ir a jugar –dijo al espantarlos.

En ese mismo instante, una señora de avanzada edad se asomó a la puerta donde nos dirigíamos –diciendo: – ¡Que pasa hija! ¿Qué te están haciendo esos perversos gatos?

Los estoy espantando para que no se trepen encima de las cajas –repuso-.

—Mamá aquí te traigo esta niña para que la conozcas. Llegó a la tienda buscando por la dirección de los vecinos de al lado, con relación a un trabajo de niñera. Pero antes de mandársela a esa gente, preferí que tú y yo habláramos primero con ella, para ver si la convencemos y se queda aquí con nosotras. Además ciento que he visto a esta niña en alguna parte —dijo mirándome fijamente a los ojos.

—A mí también me esta conocida —dijo su mamá poniéndome su brazo derecho sobre mis hombros, en el momento en que me preguntaba por mi nombre.

En el momento en que estuve a punto de revelarle mi nombre entró por la puerta de la cocina, uno de los hermanos de mi padre. Enseguida que lo vi le pedí la bendición y corrí hacia él y lo abrace fuertemente. El me dio la bendición y también me abrazó. Después me preguntó que como había llegado a su casa.

Su esposa y su hija se quedaron asombradas con nuestro encuentro.

—Papá, ¿Es esta niña tu sobrina? —Inquirió su hija asombrada.

—Eso es así. Lucecita es mi sobrina. Es la hija de mi Mecho; mi hermano más pequeño —afirmó mi tío.

¡Con razón sentí que la conocía de algún sitio cuando la vi entrar en la tienda! —dijo su hija sorprendida.

Bueno, bueno... Quizás no te acuerdas de ella, pero cuando estaba más pequeña su padre la traía a la iglesia con sus demás hermanitos y después de misa pasaba a vernos con ellos. Eso si ya ha pasado bastante tiempo y la niña esta grandísima.

Entonces, ¿usted vive aquí tío? —le pregunte sorprendida.

Si, nena. Y esa es mi esposa Florencia y mi hija Mariana. Anda pídele la bendición a tu tía.

Mi tía no esperó a que yo le pidiera la bendición y vino hacia mí y me dio un beso en el cachete y un fuerte un abrazo. Yo también la abrase y la besé. Luego su hija también me dio un beso y después salió diciendo: —¿Jamás hubiera imaginado que esta niña, que entro en mi tienda, hoy en la mañana, buscando un trabajo de niñera podía ser tu sobrina papá?

—Yo tampoco me lo imaginé; aunque no niego que su carita me estuvo familiar —dijo su esposa.

—Eso es una barbaridad. Esta niña no puede ir a ningún sitio de esos a trabajar. Ni siquiera puede cuidarse así sola, mucho menos va a cuidar a otros niños —dijo mi tío sorprendido.

El hecho de que su madre la haya abandonado no le da motivos a nadie para que se aprovechen de ella y tenga que andar por ahí al garete.

Ella todavía tiene a su padre que vela por ella y de ninguna manera se lo va a permitir, pero que ni yo tampoco.

–Bueno, yo tengo que regresar a la calle y aquí te dejo con tu tía y con mi hija. Espero que desistas de ese trabajo y ya hablamos más del asunto cuando regrese más tarde a la casa –dijo tío al tiempo en que se disponía a salir por la puerta.

<<Adiós tío, bendición>>.

–Que Dios la cuide hija –me respondió saliendo por la puerta.

Yo me quedé atónita sin encontrar que hacer o que decir. Me pareció estar soñando. No podía creer que había llegado de pura casualidad, a la casa del tío que tanto quería y que aquellas dos mujeres que estaban enfrente de mí, era parte de mi familia.

Inmediatamente pensé que se me había concebido un milagro.

Bueno nena, te voy a preparar un juguito de naranja, y te lo voy a servir, con una de las empanadillas, que acabo de hacer para que te la comas y después me cuentas de tus padres y de tus hermanitos. Hace mucho tiempo que no he sabido nada de ellos –dijo mi tía entusiasmada.

–No te preocupes por saber eso ahora mamá, porque ella se va a quedar a vivir conmigo y va a tener mucho tiempo para contárnoslo todo –dijo mi prima.

–No se hija, pero primero hay que hablar con tu padre, porque lo más seguro es que él quiera que la niña se quede aquí a su lado –dijo tía.

No creo que a papá le importe si se queda aquí o en mi casa. Como quiera que sea va a estar en ambos lados, porque yo paso más tiempo en la tienda que en mi casa y cuando venga para acá te la traigo para que te de la mano con los quehaceres de la casa.

Además sé que a papá le encantaría que se fuera conmigo para que me ayude y me sirva de compañía.

Después de todo, ella vino en busca de un trabajo de niñera que le había conseguido una amiga y conociendo bien a papá sé que se va a imponer y jamás permitiría que una sobrina suya se alquilara a trabajar de niñera en ningún sitio, pero que yo tampoco la voy a dejar ir para esa casa y menos ahora que sé que es mi prima –reafirmó con orgullo.

Después que ella terminó de hablar, su madre se levantó de la butaca y poniendo sus manos sobre mis hombros, me preguntó: –dime nena, ¿por qué quieres trabajar? ¿Acaso no estas yendo a la escuela? ¿Y, tus padres, te mandaron a buscar trabajo?

Fueron tantas las preguntas que me hizo en un segundo, que me quedé paralizada, mirándola sin encontrar repuesta alguna.

Entonces su hija interrumpió mi silencio diciendo:

—Bueno muchacha, te ves cansada y con mucho calor. Te voy a dejar aquí con mamá para que te des un baño y te refresques un poco. Yo tengo que regresar a la tienda y más tarde paso a buscarte para ir a mi casa.

Está bien. Como usted diga y gracias por todo –le respondí.

—No tienes que darme las gracias, muchacha –gruñó.

Tan pronto ella se fue, le pedí a mi tía, que me enseñara donde estaba el baño. Entonces ella me dirigió hacia el cuarto de baño diciéndome: —usa esta toalla y este jabón y si necesitas alguna otra cosita, me llamas que voy a estar en la cocina preparando la comida. Ya mismo regresa tu tío a almorzar –me informó.

Sin vacilar un instante cogí mi mochila y entre al cuarto de baño. Cuando me estaba desvistiendo, escuché a una persona, llamando mi nombre con voz ronca y ahogada. Sentí miedo al escucharla, pero luego pensé que la voz venia de la casa del vecino, que estaba casi pegada a la de mis tíos y lo más seguro era que ahí vivía otra persona con mi mismo nombre –pensé.

Cautelosamente, me bañé ligeramente, y me vestí con uno de los vestidos que traía dentro de la mochila. Después que me lo puse me dio vergüenza salir del baño vestida con él, puesto que estaba ajado. Tal parecía que lo había metido dentro de una botella de Coca-Cola. Nerviosamente me senté en la tapa del inodoro, pensando en cómo salir con aquel horrible vestido puesto.

Salí inmediatamente del baño y enseguida me topé con un joven inválido que estaba recostado en una silla. Era la primera vez en mi vida que veía a un joven en esas condiciones y me causó asombro y al mismo tiempo tristeza al verlo tan indefenso postrado en aquella butaca.

Mi tía adivinando mis pensamientos me dijo: —Este es mi nieto, O mejor dicho, mi hijo, porque lo he criado desde que nació.

—Ven acércate que él te quiere saludar.

Entonces fui hacia él y le cogí su mano. El me miró complacido y se sonrió diciéndome: – ¡Hola, Lucita!

—Hola mijo, –le respondí.

Mi tía me miraba disimuladamente y yo encogida de hombros, no podía evitar su mirada y mucho menos encontrar a donde sentarme o pararme. Tal parecía como si el techo de la casa me estuviera cayendo encima. Tal como cuando está temblando la tierra. Pero nada de esto estaba sucediendo; sino solo el temblor horrible de mi cuerpo; el que causaba dicha ilusión.

–Anda nena; siéntate ahí en esa silla, que yo voy a salir un momentito y ya mismo regreso –me dijo en el momento en que se disponía a salir por la puerta y con una cartera bajo su brazo.

Sentí alivio al verla alejarse de la casa y me puse de pie y con mis manos trate de suavizar las arrugas de mi vestido. Luego, me puse a contemplar al jovencito y vi que se rio entre dientes, produciendo un sonido bajo y ronco. Traté de descifrar lo que estaba tratando de decirme, pero en ese mismo momento salió diciendo: – ¡Se fue Florencia!

Me encogí de hombros al oírlo hablar de nuevo y con certeza.

–Si mijo, se fue pero ya mismo regresa. Mientras tanto dime como es que sabes que yo me llamo Lucecita.

Apretó los dientes y tratando de concentrarse en mi pregunta, movió su cabeza de un lado a otro y mostrándome una amplia sonrisa de oreja a oreja, me miró a la cara, pero no me dijo nada.

Yo no podía creer lo que mis ojos estaban viendo en frente de mí. Me estremecía ver aquel joven postrado en aquella butaca sin poder hablar bien, sin poderse mover con facilidad y sin poder caminar. Y aun así sonreía felizmente y me miraba con ternura y amor.

En cambio yo siendo una niña sana, fuerte, habladora más que una lora, con una mente amplia y precisa, era capaz de sentirme infeliz, quejándome de mis desdichas, de mis desgracias y de no enfrentarme con orgullo ante los demás., pensando a veces que era tan poca cosa, o creyendo en la maldad de mi abuela, cuando por herirme, me teñía de fea.

Por otro lado, en mi mente veía dibujado el cuadro de mis hermanos; sanos, fuertes y bien formados. Unos jugando y corriendo por el campo, otros trabajando, montados en sus caballos. Galopeando de un lugar a otro y yo la única hembra de la casa, echando un pie hacia adelante para no dejarme engañar ni ser maltratada por nadie.

Me contemplé nuevamente en aquel espejo, que tenía en frente de mí y poco a poco fue cambiando mi percepción del mundo. Me fui dando cuenta que yo era una persona muy afortunada, porque había nacido normal sin falta alguna, que me limitara a luchar por mí misma y a seguir luchando por las cosas buenas que deseaba obtener en mi vida.

También me di cuenta que tenía que pedirle perdón a Dios por ser malagradecida y también darle las gracias por mi existencia y por guiar mis pasos por un buen camino.

Sumida en mis pensamientos, se me olvidó que tenía puesto un vestido ajado y cuando llegó mi tía en seguida me puse de pies para recibirla. Ella algo fatigada, caminó hacia a mí y sacando una ropa que traía en una bolsa me dijo:

—Mira nena, fui a una tienda que esta al cruzar la calle, y te compré esta ropita para que te la pongas, y me des ese vestidito para planchártelo.

Yo me sentí sonrojada por unos segundos, pero luego me puse contenta por la ropita tan bonita, que me había comprado.

—Anda niña, ve y cámbiate enseguida. Tu tío no tarda en llegar y voy a servir la comida, para que nos sentemos en el comedor a comer. Aunque yo casi nunca me puedo sentar a comer en la mesa con nadie, porque primero tengo que darle de comer a mi nieto —me dijo mientras se ponía su delantal para no ensuciar el vestido morado y bordado a mano, que tenía puesto.

Yo me fui al baño y me cambié la ropa rápidamente y salí lo más pronto que pude. Cuando ella me vio, enseguida me dijo: – ¡Mira qué bueno! te quedó muy lindo el vestido. Yo pensé que a lo mejor no te iba a servir, pero te quedó perfecto. –Esto es impresionante–.

—Gracias tía —le dije dándole un beso y un abrazo por la ropita que me había comprado.

En ese momento sentí deseos de llorar, pero me hice fuerte y me negué a llorar. Estaba tan confundida que no sabía si mis lágrimas se habían asomado de agradecimiento, alegría o de tristeza. Pero ese día no tenía motivos para estar triste y mucho menos para llorar.

La voz repentina de mi primito incapacitado, me sacaba de mis preocupaciones cuando sin ver ni escuchar hablar a las personas las anunciaba. Como por ejemplo: el día en que escuchó chirriar el portón de la entrada de la casa al abrirse.

—Llegó papá —dijo el joven.

Efectivamente, en nada se equivocó, porque en ese mismo instante vi a mi tío dentro de la casa caminando hacia la cocina.

— ¡Que mucho sabe este joven! —exclamé maravillada.

Así es. Santito sabe mucho. Él puede percatarse de los movimientos y sonidos que hacemos cada uno de nosotros y de las personas que nos visitan con frecuencia. La verdad que en ese caso sus sentidos del olfato y del oído los tiene bien definidos —me explicó tío.

—Indudablemente, eso es así. Este nene de vez en cuando sale con cada ocurrencia que hace pensar a cualquiera —reafirmó tía.

Bueno, vayan a lavarse las manos y a ponerse listos para comer que les voy a servir la comida —nos ordenó tía.

Mi tío y yo caminamos hasta la mesa y nos sentamos a esperar que nos sirviera el almuerzo y en ese mismo momento, en que ella se disponía a servirla, entró por la puerta de la cocina mi prima, acompañada por un señor morenito. Acercándose a la mesa me dijo:

– Lucecita, este es mi esposo Tom y ha venido a conocerte.

Yo me puse de pie y le extendí la mano para saludarlo, pero el cariñosamente me dio un abrazo y un beso en el cachete. Yo también le correspondí con un beso. Después me volví a sentar y a esperar pacientemente, mientras mi mirada viajaba alrededor del hermoso cuadro familiar y de la comida bien servida que estaba en la mesa.

Estaba ansiosa por comer y rendida del cansancio, ya que había salido de la casa del tío de mi madre a las cuatro de la madrugada y había caminado más de tres horas para llegar hasta la parada del transporte público. En esos momentos, lo único que se me antojaba, era comer y acostarme a descansar.

–Vamos, siéntense para que se coman unos pastelitos de carne de cerdo y un plato de arroz con gandules –nos ordenó tía.

– ¡Mamá! Pero… ¿Cuándo hiciste estos pasteles? –Preguntó su hija con asombro.

–Esos pasteles me los dio Toya esta mañana, antes de irse a trabajar. La verdad que me han sacado de un apuro. Pasé toda la mañana ocupada y no tuve suficiente tiempo para freír o guisar carne.

Bueno, yo no vine a comer, pero un pastel si me lo como y me regreso a la tienda, porque hoy es viernes y están llegando los clientes a hacer sus compras –dijo don Tom.

Tan pronto estuvimos listos para comer, mi tío hiso una oración para bendecir los alimentos.

Hacía algún tiempo que no me sentaba a comer en familia y aproveché el momento para también darle gracias a Dios por los alimentos y por haberme guiado hasta la casa de una familia que no conocía.

Ahora yo quiero que tú nos digas lo que piensas hacer. Si te vas a la casa con mi hija o te quedas aquí con nosotros que somos tus tíos. Eso si te advierto cualquiera que sea tu decisión, tienes que prestar atención a las cosas que uno te dice y sobre todo nos tienes que obedecer. Eso de agarrar tus cosas y salir por la puerta como si nada, aquí no lo puedes hacer, porque no te lo vamos a permitir. Siempre que vayas a salir por esa puerta, tienes que pedir permiso y decir para adónde vas. Tú todavía eres una niña y no puedes andar por ahí sola. Nosotros ahora vamos a estar dispuestos a protegerte y a ayudarte siempre y cuando tú hagas las cosas bien y nos respetes —dijo tío con firmeza.

—Ahora Lucecita, dime: ¿qué piensas tú; o que tienes que decir de todas estas cosas que te ha dicho papá? —me pregunto Lucia.

—Yo estoy de acuerdo con todo lo que él me ha dicho y claro que voy a obedecerlos y a hacer las cosas que ustedes me digan. Yo sé que lo tengo que hacer así por mi propio bien. —le aseguré.

— ¿Entonces te vas a la casa conmigo, o te quedas aquí con mis padres? — me preguntó Mariana.

—Bueno si es eso lo que quieren mis tíos, me voy con usted —le respondí.

—Mira nena, por ahora vete a la casa de mi hija en lo que yo te preparo un cuarto para que te quedes aquí con nosotros. Después que esté listo si quieres venir a vivir para acá te vienes y si no te quedas allá y de vez en cuando puedes quedarte a dormir aquí con nosotros —dijo tía tratando de aclarar la situación.

—Claro, mientras tanto te vas con Mariana. Como quiera que sea es como si te quedaras aquí en esta casa con nosotros —dijo tío.

En realidad, yo no estaba en disposición de decidir, hacer comentarios, ni ninguna aclaración al respeto; sino asumir que todo era por mi bien y en ese caso, lo mejor que podía hacer, era aceptar la ayuda que me estaban ofreciendo y prestarles atención y obedecerlos si en verdad quería quedarme a vivir con ellos.

Desde ese día comencé a sentirme un miembro más de la familia y a tratar de ganarme el cariño y la confianza de cada uno de ellos.

Lo primero que hice fue ayudarle a mi tía a recoger la mesa y a lavar los platos. Después darle una manita a mi tía para acomodar mejor a su nieto en la butaca, porque ya casi caía al piso.

Cuando mi tío fue a la cocina y me vio ayudándole a mi tía, se alegró mucho y me guiño un ojo. Yo le correspondí con una mueca. Igual a las que le hacía cuando iba a mi casa y de cariño me llamaba Grilla.

Después que terminamos de organizar la cocina mi tía me dijo:

—Mira nena, te ves muy cansada. Ve y acuéstate en esa hamaca que está ahí en ese cuartito para que descanses un rato.

-Así es. No solo estoy cansada; sino que me duelen las piernas de tanto que he caminado y aparte de eso, también me duele la cabeza; por todo el sol que aguanté por el camino —le dije agarrándome la frente.

—Ve y acuéstate que ya mismo te voy a preparar un té para que te lo tomes con una de las pastillas que tengo ahí para el dolor. Ahora trata de relajarte y no te preocupes por nada —dijo amablemente.

Gracias tía. Siempre se lo voy agradecer —le dije mientras me acostaba en la hamaca.

Me estaba quedando dormida cuando ella me trajo el té con la pastilla. Me lo tomé y enseguida me quedé profundamente dormida y no desperté hasta que mí prima fue a despertarme para llevarme a su casa.

QUINCE

ME LEVANTÉ ALGO CONFUSA y temerosa, pensando si en realidad estaba haciendo lo correcto en irme a vivir a su casa. A pesar de que era la hija de mi tío favorito, no me inspiraba confianza y me sentía extraña a su lado. La veía como a una persona de carácter fuerte, fría, vacía y sin interés alguno, en socorrerme por ser su prima; más bien, pensé, que lo más que le interesaba era evitar que me fuera de niñera en la casa de los Del Valle, para luego utilizarme en su casa de sirvienta. Dudaba de ella y no podía creer que su interés por mí era amor de familia.

Las cosas que me estaban ocurriendo, ese día y de pura casualidad, eran tan sorprendentes y maravillosas, que no sabía si estaba parada en la tierra, o volando por el espacio. Pero de algo si estaba bien segura, y era de no mirar para atrás, ni volver por el camino que ya había recorrido, sin importarme los trabajos, las miserias, enredos y las trampas que se me presentaran en el camino. Después de todo, no podían ser peores de las que ya había tenido que enfrentar.

Por el momento, me sentía feliz de haber encontrado a mi tío y a su familia, después de tanto tiempo, y en los momentos más tristes y amargos de mi vida. Pero por otra parte, sentía una corazonada y no podía contener la opresión que me causaba en el pecho.

No obstante, me parecía obvio, admitir que era una muchacha ágil y muy valiente. Dispuesta siempre a luchar contra viento y marea, para lograr que mis sueños, se hicieran realidad.

Mientras tanto, tenía que sobrellevar la carga y ajustarme a las condiciones de trabajos y a las reglas, que me fijara mi familia; siempre y cuando estuvieran a mí alcance. Sobre todo, con ellos iba a tener un hogar donde vivir y que comer y no podía quedarme de brazos cruzados; al contrario, tenía que agradecerles y ayudar en lo que fuera necesario.

La distancia, de la casa de mis tíos, a la casa de mi prima, era demasiado corta y llegamos a la casa, en menos de cinco minutos. Entramos dentro del coche, por la marquesina de la casa, que ya estaba abierta para que entráramos.

Suspiré profundamente y me apresuré a salir del coche, antes de que hiciera algo que sacara a la señora de sus casillas, puesto que la notaba muy cansada y no me había hablado por todo el camino.

Al bajarme del carro, comencé a caminar: erguida y con mucho estilo, por aquellos pisos tan limpios y perfumados. Sin duda alguna; parecía una modelo de pasarela...hasta que me topé con una joven algo fatigada, que salió a recibirnos. Enseguida cogió las bolsas, que mi prima traía en las manos y se dirigió a la cocina, mirándome curiosamente sobre el hombro.

– ¡Caramba! –rezongué.

¿Quién será esa muchacha? Y, ¿Por qué me está mirando así? –me pregunté dudosa.

–Ven Lucecita, que te voy a enseñar el cuarto donde vas a dormir. Después te muestro toda la casa para que te vayas ubicando –me dijo mientras abría las persianas para que entrara aire fresco.

El cuarto estaba muy bien arreglado, con una cama de pilares preciosa. Parecida a las camas de la casa de mi abuela. Al lado, había otro cuarto más grande y más cómodo. Había una cama bastante grande, vestida con una hermosa corcha blanca y con flores rojas tejidas a mano.

Me llamó mucho la atención, debido a que trajeron a mi memoria, las camas de pilares de la casa de mi abuela. Vestidas con bellas corchas tejidas por las manos de mi abuela y de mi madre.

–Sentí una gran pesadumbre, al recordar a mi madre y a mi abuelita. Pero respiré profundamente para aliviar la tristeza que me había causado al recordarlas.

De pronto, la puerta del frente de la casa se cerró de manera estruendosa y me sobresalté del susto que me causó el ruido.

– ¡No puedo creerlo! –Dijo mi prima y salió como un relámpago del cuarto, para ir a ver quién había salido por la puerta.

– ¡Qué haces muchacha! Te he dicho muchas veces, que no quiero que abras esa puerta para nada; que si tienes que salir, utilices la puerta de la marquesina –le recordó enojada.

–Es...te...es...que tuve que salir a echarle agua a las plantas –respondió la muchacha asustada.

–Y, ¿no podías hacerlo en la mañana? Esto no me gusta nada, así es que cuida lo que haces – le advirtió mi prima con voz fría y aterradora.

Me estremeció la forma en que ella le gritó a la joven y trate de mantenerme alejada de ellas disimulando que no había escuchado nada. Después regrese al cuarto que ella me había asignado y me quede clavada allí sin encontrar que hacer. Fue entonces cuando escuche una voz masculina mencionar mi nombre y disimuladamente salí del cuarto para ver quien había sido. No tardé mucho tiempo, en darme de cuenta que había sido su esposo, el que había llegado en ese momento y estaba colocando unos refrescos en el refrigerador, mientras practicaba con su esposa acerca de mí.

Anduve hasta la cocina y con la excusa de que quería usar el baño me les acerqué.

<<Mariana>> dije susurrando, ¿Podría decirme a dónde está el baño?

-Si nena, pasa para acá que el baño está en esta esquina —me dijo señalando la puerta del baño.

Cuando salí del baño, vi que ella estaba ocupada preparando la cena y le pregunté si necesitaba ayuda, pero me dijo que ya la cena estaba casi lista y que me sentara en la terraza a ver la televisión, hasta que ella me llamara para comer.

Cuando me dirigía hacia la terraza, vi a la joven parada en el patio de la casa. Noté que me miraba como si quisiera decirme algo. Disimulando su presencia, me recosté sobre el muro que dividía la terraza del patio y me dediqué a observa la belleza de las flores amarillas, que cubrían casi toda la pared, que separaba el patio de la casa del vecino.

La joven se dirigió hacia a mí y me preguntó:

— ¿Cómo te llamas?

—Me llamo Lucecita y tú, ¿cómo te llamas? —le pregunté.

—Me llamo Luciana —susurró en voz baja.

¿Tú eres la hija de Mariana? —le pregunté curiosamente.

—No, claro que no. Yo trabajo aquí —me respondió.

En eso Mariana me llamó diciéndome que fuera a la mesa del comedor que ya había servido la cena.

Tan pronto entré en el comedor su esposo me dijo: -siéntate nena y sírvete comida.

—Voy a esperar por Mariana para comer —le respondí mirando hacia a la cocina para ver si la veía venir. Entonces la vi caminando hacia el patio con un plato de comida en sus manos. Pensé que iba a comer sola en otra mesa, pero en eso la escuché llamar a Mariana para darle el plato de comida.

Don Tom me pidió mi plato y me lo llenó de asopado de camarones. Se veía riquísimo y con un aroma muy agradable. Anda nena, come sin pena, antes de que se vaya a enfriar; que este asopado está bien sabroso —insistió don Tom con cariño.

Cuando estaba a punto de empezar a comer, vino Mariana y se sentó enfrente de mí, poniendo en la mesa, una canastilla pequeña llena de lascas de pan boricua y una barra de mantequilla.

Inmediatamente me coloqué la servilleta en la falda, tal y como me había enseñado mi madre, me hice la señal de la cruz y le di gracias a Dios por los alimentos que iba a ingerir.

¡Vaya! Que buenos modales tienes niña. Eso es estupendo y siempre hay que darle las gracias a Dios por nuestros alimentos. Ahora cuéntame: ¿Dónde aprendiste todas esas cosas? —me preguntó Mariana asombrada.

—Las aprendí de mis padres, de mis abuelos, en la escuela y en la iglesia —le informé.

¡Mira qué bien! Debí imaginármelo. Y, ahora ¿estas asistiendo a la escuela? –preguntó.

Pues fíjese que este año no pude asistir, porque mi mamá se fue y me tuve que quedar en la casa cuidando a mis hermanitos. Después me fui a vivir a la casa del tío de mi madre y él no me quiso mandar a la escuela porque dizque, ya el año escolar estaba por terminar –le dije mientras ella y su esposo me escuchaba con atención.

Eso es increíble. Me imagino todas las cosas que has pasado y lo mucho que has sufrido, pero no te preocupes por nada. Tan pronto comiencen las clases vas a ir a la escuela y además aquí con nosotros no te va a faltar nada, siempre y cuando te portes bien.

Yo siempre me porto muy bien donde quiera que voy. Ahora lo que más me interesa es: vivir aquí con ustedes porque no quiero regresar a mi casa. Yo les ayudo en lo que pueda. A mí no me gusta estar quieta, ni de brazos cruzados. Cuando no tengo nada que hacer me pongo a leer y a escribir. También me gusta coser y tejer ropitas de muñeca. A parte de que me encanta estudiar y lamento mucho haber perdido este año de estudios.

—Estás pensando muy bien Lucecita y me alegro que me hayas contado todas esas cosas —me dijo Mariana.

—Me da gusto oírte hablar así. Y te aseguro que si sigues pensando de esa manera, todo te va a ir muy bien –dijo don Tom.

Después de la cena don Tom cogió el periódico, se dirigió al balcón y luego se sentó en una butaca a leerlo. Mariana llamó a Luciana para decirle que recogiera la mesa. Luego se levantó de la mesa, prendió la tele y me invitó a sentarme en la sala con ella a verla.

Durante ese tiempo en que estuvimos dialogando, le conté los motivos que había tenido mi madre para dejarnos con papá e irse a vivir a los Estados Unidos.

¡Válgame Dios! Todas esas cosas que me has contado me han dejado sorprendida. La verdad que me cuesta trabajo creerlo. Pero nada, ahora estas aquí con nosotros y en esta casa las cosas son muy distintas. Aparte de eso vas a pasar más tiempo con mis padres; que son tus tíos y cuando comiences a ir a la escuela vas a estar tan ocupada que apenas vas a tener tiempo para pensar en las cosas que te han sucedido –me aseguró con una sonrisa en sus labios.

Sus palabras calmaban mi ansiedad y parte de la tristeza que había en mi alma, por la falta inmensa que me hacían mis padres y mis hermanos.

Ah, pues bien, pensé, al menos ahora vivo cerca de ellos y puedo ir a verlos cuantas veces quiera. Además ellos también pueden venir a verme aquí.

Bueno, después de todo, aun no sabía cuáles eran los trabajos que me iban asignar y mucho menos cuanto tiempo iba a permanecer en esa casa, puesto que me sentía extraña con mi nueva familia y en lo profundo de mi ser, sentía una corazonada. Tal vez era lógico sentirla, ya que mi madre que era la persona en quien más había confiado, me había engañado, y en cuantos a los extraños que más podía yo esperar.

Ahora, solo me convenía ser fuerte, actuar con inteligencia y dedicarme a serle fiel y útil a las personas que en verdad me querían y que estaban dispuestas a socorrerme en los momentos más difíciles de mi vida.

Para comenzar, había empezado a sentir nuevamente, el amor y el calor de la familia. Me sentía cómoda al lado de ellos. Y, estaba dispuesta a trabajar en lo que fuera; después de todo, no lo iba a hacer para ningún particular; sino para mi propia familia y dar algo en cambio por toda la ayuda que me estaban ofreciendo.

<<Deja de pensar –me dije–. Mejor dale gracias a Dios porque has encontrado a tu tío y un buen hogar para vivir en lo que te vas a Nueva, York con tu mamá>>.

A eso de las diez de la noche, mi prima y su esposo se fueron a dormir. Eso para mí fue un gran alivio, porque ya no podía mantenerme de pie, ni con los ojos abiertos, por más tiempo. Me deje caer en la cama amplia y muy cómoda. Las sabanas, las almohadas blancas y suaves como la seda, me producían una sensación agradable y relajante. Olían a las sabanas limpias y perfumadas que mi madre y mi abuela lavaban y almidonaban.

Como estaba tan cansada, no tarde nada en dormirme y no desperté en toda la noche. Entonces cuando me desperté por la mañana y me encontré en ese cuarto oscuro, pensé que estaba en la casa de mi abuela. Además el fuerte olor a café terminó convenciéndome y volví a arroparme para seguir durmiendo.

Volví a quedarme dormida, pero los gritos y las voces que venían de los vecinos y de la plaza del mercado, me despertaron. Permanecí quieta por unos minutos, tratando de averiguar de dónde venían las voces y en eso vi un cuadro de un joven muy elegante, colgando en la pared que estaba enfrente de mí. Enseguida pensé; ese joven tan lindo debe ser hijo de Mariana y de don Tom y este también debe ser su cuarto –me dije mientras me disponía a salir de la habitación.

Me empecé a preocupar al ver que todo estaba en silencio, entonces me dirigí en la punta de los pies, para no hacer ruido alguno, hacia el cuarto matrimonial y empujé la puerta suavemente, pero al ver la cama vacía, me di cuenta que ya se habían ido al trabajo y me habían dejado.

Me sentí acongojada y sin saber qué hacer. Caminé por toda la casa para ver si encontraba a alguien y también para conocer cada rincón de la casa.

Era una casa bastante grande y estaba lujosamente decorada. Estaba ubicada entre dos calles; el frente de la casa daba a una calle y hacia esquina con la otra calle. En si era la casa más grande y más linda que había en esa calle y en esa esquina.

Después de recorrer cada rincón, me detuve a mirar por una de las puertas hacia una de las calles y vi a una señora lavando el balcón de su casa con una manguera y una escoba. También vi pasar algunos carros y personas.

Sentí curiosidad por salir al balcón, pero al salir me lleve una gran sorpresa al ver a mi maestro de primer grado salir a toda prisa de una de las casas. Quise salir a saludarlo, pero no me atreví, además ya había desaparecido de todo el lugar. Entré nuevamente a la casa y cerré bien la puerta.

Tengo que encontrar algo para hacer antes de que me aburra demasiado o me muera de ansiedad. Entonces al pasar por el lado de una mesita, le pase la mano y note que estaba llena de polvo. Fui a la cocina en busca de una toalla de limpiar y fue entonces cuando escuché un ruido en la marquesina. Exactamente era Luciana, que estaba llegando en ese mismo momento.

– ¿Dónde fue la gente de esta casa? –le pregunte inquieta.

–Fueron a sus labores diarias –me contestó con brusquedad.

– ¡Guau, que raro me está eso! Mariana me había dicho que me iba a llevar a la casa de mi tío y sin embargo, se fue y no me llevó. Ahora yo siento que me ahogo en esta casa, sin encontrar que hacer.

Luciana, me miró fijamente durante un instante y después me dijo: –Ah, sí, ya sé cómo se siente una en la casa ajena y mucho peor cuando es nueva. Pero no te preocupes por nada. Ella regresará a buscarte – bueno eso supongo.

Mira yo traje pan caliente y unos pastelillos de guayaba. Ven a la cocina y sírvete de ellos y en la nevera hay refrescos y jugos; así que sírvete de lo que quieras –me dijo con un tono de voz más amigable.

Gracias, pero lo único que deseo es una taza de café –le dije.

Bueno, como gustes, ya mismo caliento la leche y te lo sirvo. Ahora no me vayas a despreciar el pan, porque lo traje especialmente para que comieras de él –me decía mientras calentaba la leche.

¡Ah, pues bien! En ese caso te complazco comiéndome un pedacito de pan con el café –repuse con repentino entusiasmo.

Después del pequeño desayuno, me dispuse a seguir los pasos de Luciana. Cada paso que daba haciendo la limpieza de la casa, yo iba tras ella viendo como hacia las cosas para aprender a hacerlas y así poder ayudarla.

Cuando ella estaba pasándole mapo al piso, la noté agotada y a punto de desmayarse; entonces le pedí el mapo para terminar de pasarlo. Ella se negó a dármelo, pero yo la convencí para que me lo diera diciéndole:

–déjame ayudarte porque estoy muy aburrida y quiero emplear mi tiempo en algo; además quiero aprender hacerlo para cuando me toque.

–Está bien aquí tienes el mapo. Pero eso es, te advierto; tienes que pasarlo como yo te diga para que el piso quede bien limpio. Mira, enjuaga el mapo, luego lo exprimes con todas tus fuerzas para que no hagas un bache en el piso, luego lo pasas con mucho cuidado por debajo de los muebles para que no vayas a tropezarte con las patas y a rasparlas o sacarle la pintura.

Bueno, después que terminamos de limpiar el piso, nos pusimos a quitarle el polvo a los muebles y terminamos casi al medio día; hora en que llegaron los dueños de la casa a almorzar.

Mariana me dijo: –después de comer y descansar un rato, voy a regresar a la tienda y de la vez te vas a ir conmigo, para que te quedes toda la tarde con mamá. Entonces cuando yo termine de trabajar en la tienda, te voy a ir a buscar para regresarnos a la casa.

Ahora, tal y como me lo había imaginado, se dieron las cosas.

Al cabo de un mes, Luciana dejó de ir a trabajar. Entonces Mariana me invitó a ir a su casa para ver que le había sucedido y por qué no se había presentado a trabajar, pero su mama la disculpo diciendo; que no iba a volver a trabajar porque estaba enferma.

Mi prima se sintió muy apenada, por su repentina renuncia y también porque le había cogido cariño por el tiempo en que había trabajado con ella.

Por mi parte, me habría gustado que regresara a la casa puesto que ya me había acostumbrado a su compañía.

—Lamento mucho que está enferma y no pueda volver a la casa. Ahora me voy a quedar sola en la casa y me va a hacer mucha falta —le dijo muy apenada.

—No lo creas así, porque no vas a estar todo el día en la casa; solamente en las mañanas, porque por las tardes vas a estar con tus tíos y cuando empiecen las clases vas a estar todo el día en la escuela —me aseguró.

—Claro —coincidí.

Cada mañana después de que los esposos se iban a trabajar, me levantaba de la cama, arreglaba mí cuarto, me vestía cómodamente, me tomaba una taza de café o un jugo y después comenzaba a limpiar la casa. Tan pronto terminaba de limpiarla, me daba un buen baño y luego me sentaba a leer algún libro o el periódico, hasta que llegaba mi prima a preparar el almuerzo. Entonces después de almorzar, me iba con ella a la casa de mis tíos.

Allá pasaba todas las tardes, ayudándole a mi tía con los trabajos de la casa; aunque la mayor parte del tiempo no había nada que hacer; sino sentarme en el balcón (del frente de la casa) con mi tía a coger aire fresco, conversar con ella y al mismo tiempo enterarme de todos los acontecimientos de la calle, que por ser una de las calles principales, era bastante transitada y ocurría de todo un poco.

Así sucesivamente, pasaba parte del día y hasta el oscurecer, que era exactamente cuándo Mariana, terminaba de trabajar en la tienda y me buscaba para que regresara a la casa con ella.

Después de la cena, me daba un baño y me vestía muy bonita para que Mariana, me diera permiso, para ir a la plaza del recreo, a dar vueltas con mis amigas— eso sí estaba de buen humor—. Sino esperaba el fin de semana, para que me dejara ir a pasarme el fin de semana, con mi padre y mis hermanos.

En realidad, me sentía contenta en la casa de mi prima y en la de mis tíos y aparte de eso, no me hacía falta nada, porque tanto mis tíos como mi prima me compraban muchas cosas; tales como trajes muy bonitos, zapatos, prendas etc. En fin me calzaban y me vestían como si yo fuera su hija. Su manera de tratarme, su afecto y el cariño que me daban me demostraba que me querían y eso me hacía sentir inmensamente feliz.

Pero…esa felicidad no me duró por mucho tiempo; debido a que mi prima me tenía prohibido salir a pasear, con una muchacha que trabajaba de niñera en la casa de una vecina. Yo la conocía desde la infancia, puesto que era la hermana de mi tía política y la que me había conseguido el trabajo de niñera. Dicho sea de paso, así fue como encontré a mi prima con quien ahora estaba viviendo.

Ese domingo yo me fui con ella a un carnaval de mi pueblo y uno de los sobrinos de mi prima me vio y cuando fue a la casa le dijo a Mariana que me había visto en el carnaval montándome en una de las machinas con Ana la niñera.

Mariana se enojó muchísimo y cuando llegué a la casa me dio unos cuantos puños por la espalda. Yo me asusté bastante, porque me agarró desprevenida y sin saber porque me estaba pegando.

Entonces salí corriendo de la casa y fui a parar a la casa de un sobrino de mi tía que estaba casado con una cubana a quien yo apreciaba muchísimo. Ellos permitieron que me quedara a pasar la noche solamente, pero tan pronto amaneciera, tenía que regresar a la casa de Mariana, porque ellos no querían tener problemas con ella.

Acepté sus condiciones porque ya era muy tarde y no quería seguir corriendo por las calles, pero al otro día tan pronto amaneció, salí de su casa fingiendo que iba a regresar a la casa de Mariana, pero en la misma esquina de la calle a donde ellos vivían, se estacionaban los carros públicos para transportar pasajeros a los barrios y a los pueblos cercanos. Afortunadamente, no tuve que esperar mucho, porque uno de los choferes ya estaba a punto de salir para el pueblo que yo quería ir.

DIECISÉIS

LLEGUÉ A LA CASA de Consuelo —mi media hermana— antes del mediodía. Ella se asustó mucho cuando me vio llegar a su casa, porque era temprano en la mañana y no me esperaba, además ella pensó que yo había ido a llevarle malas noticias.

-¡Muchacha! ¿Qué haces tú aquí tan temprano? —me preguntó asustada.

Entonces cuando le expliqué lo que me había sucedido, se alteró un poco, pero después se calmó y se alegró mucho al decirle que había ido a quedarme en su casa a vivir. —Me extrañó mucho que te fueras a vivir con esa gente y no te quedaras con papá o te vinieras para acá conmigo: que soy tu media hermana.

Además, tú no puedes dejar de ir a la escuela. Aun estas muy niña para trabajar o ser esclava de nadie. —me dijo refunfuñando.

<<Bueno, primeramente te digo, yo no quise venirme para acá a vivir contigo, debido a que me había escapado de la casa, y no quería que papá me encontrara aquí. Y, por último, yo no estaba viviendo con gente extraña; sino que estaba viviendo en la casa de mi prima y al lado de mis tíos—le aclaré.

La verdad que llegué como caída del cielo, y en el momento preciso. Mi hermana, estaba a punto de dar a luz a su tercer hijo/a y necesitaba quien le ayudara con el cuido de sus niños y en los quehaceres de la casa, ya que su suegra, vivía un poco lejos y no podía cuidárselos todo el tiempo.

Por otro lado, su esposo trabajaba todo el día y llegaba a la casa casi oscureciendo a darle de comer y de beber a sus animales, y los fines de semana los utilizaba para ir a comprar la comida de la semana, visitar a sus padres que eran casi ancianos y a darse una buena borrachera. Y, por ende, no le sobraba casi tiempo para compartir con su esposa y sus hijos.

El hecho de haberme ido a vivir con mi media hermana, aparentemente, resultaría beneficioso para las dos, debido a que ella se beneficiaba de mi ayuda y de mi compañía, y yo me beneficiaba teniendo donde vivir, he ir a la escuela. En realidad, eso era lo que más me interesaba.

—Mañana mismo, te voy a llevar a inscribir, en la escuela porque ya la semana entrante, comienzan las clases y no quiero que pierdas otro año más – dijo mi hermana con firmeza.

Me estremecí y luego dije: Guau… eso es fantástico. Llegué justo a tiempo para ir a estudiar.

Efectivamente, al otro día temprano en la mañana, mi hermana, acompañada por Soraya, la hija de uno de los vecinos, que estudiaba en la misma escuela, me llevó a matricular; tal y como me lo había prometido, pero no pudo hacerlo porque le exigieron que fuera mi padre el que me matriculara y no ella. Bueno eso no fue ningún problema. Tan pronto mi hermana le avisó a mi padre vino con todos mis documentos y me inscribió en la escuela.

Yo me sentía inmensamente feliz y muy orgullosa de caminar arreguindada del brazo de mi padre por los pasillos de la escuela. Pero más feliz aun de saber que mi padre se estaba preocupando por mí y que me seguía queriendo con ternura.

Me dolía en el alma no poder estar viviendo con él, pero él decía que era mejor así; porque que iba a hacer una niña en medio de tantos hombres. En verdad éramos siete hijos de padre y madre y yo era la única hembra de todos.

A mí eso no me importaba, puesto que había nacido y me había criado en medio de ellos y su amor y su compañía para mí era suficiente.

Bueno, ahora iba a ir a la escuela y con mis estudios y los trabajos de la casa de mi hermana, iba a estar demasiado ocupada y apenas el tiempo me alcanzaría para pensar en cosas tristes.

Ahora bien, aunque había perdido un año de estudios, tuve la suerte de ser admitida en el grado que me correspondía estar y sacar buenas calificaciones. Gracias a eso, no tuve tantos problemas en asimilarme con los demás estudiantes del salón, aunque no niego que a pesar de todo, los primeros días fui víctima del acoso de algunos alumnos del plantel escolar.

Desafortunadamente, no le caía bien a algunas niñas del salón; simplemente, porque no les gustaba que me sacara un diez en la clase, ni que simpatizara con los maestros y mucho menos que compartiera con sus amiguitos preferidos. Yo no tenía la culpa de que ellas perdieran el tiempo y no estudiaran y que sus amiguitos buscaran mi amistad y mi compañía.

Por otro lado, era lógico que por ser nueva en la escuela, llamara la atención de todos los estudiantes del plantel escolar. Además de eso yo era una muchacha muy simpática, y me llevaba bien con todo el mundo.

A pesar de que no estaba pasando por buenos momentos, siempre trataba de acoplarme a cualquier situación que se me presentara y a sonreírle a la vida.

Sabía muy bien ocultar mis penas y mis angustias porque de nada me servía lamentarme y hacerme la víctima ante los demás que no tenían la culpa, ni podían hacer nada para solucionar mis problemas. Además ahora yo estaba viviendo el presente y había dejado mis problemas en el pasado.

Tal vez mi forma de ser y el hecho de haberme ganado el cariño de los maestros y de algunos amiguitos, ponía a las niñas celosas y por tal razón, me llamaban malos nombres. Se juntaban en grupos y esperaban a que yo llegara o pasara, para reírse y mofarse de mí.

En el salón de clases se pasaban papelitos (bule) haciendo comentarios acerca de mí, me tiraban papelitos mojados en saliva a través de los pitillos y en los pasillos trataban de tropezar conmigo.

Yo fingía ignorarlas, pero en mi mente iba gravando a cada una de ellas y de las cosas que a diario me hacían, con el propósito, de enfrentarlas algún día y demostrarles que yo no era boba ni les tenía miedo, pero que tampoco estaba pintada en la pared.

Un día, al salir de la escuela, me estaban esperando dos jovencitas (estudiantes) con el fin de darme una paliza. "Pero les salió el tiro por la culata", porque no me pudieron agarrar desprevenida, por la razón de que una compañera de clases, ya me lo había advertido a través de un papelito anónimo, que me metió en una de mis libretas, antes de salir del salón.

Entonces yo me preparé muy bien para enfrentarlas, y antes de salir del salón, fui con el maestro y le pedí que me dejara guardar mis libros en su armario y luego salí del salón con mis manos libres y preparada para defenderme de los golpes que esas niñas me pensaban dar.

Gracias a Dios que pude combatirme con ellas y no salir lastimada. Y por supuesto, eso fue debido a que mis hermanos me habían enseñado a pelear como ellos y no como las niñas, que pierden el tiempo agarrándose de los pelos.

Bueno, al otro día cuando llegué a la escuela, el maestro me mando a ver a la directora. Cuando llegué a la oficina, allí me esperaba la directora con las niñas y sus padres. Me puse nerviosa al entrar en la oficina y encontrármelas, pero cuando la directora me preguntó por qué le había pegado y aruñado la cara a las estudiantes, me enfurecí al ver lo mentirosa y cínica que eran esas muchachas y armándome de valor saqué el papelito anónimo que me había entregado una de las compañeras (que aún tenía en el bolsillo de mi falda) y se lo entregué a la directora y al mismo tiempo le expliqué lo sucedido y de los acosos, que ellas me estaban haciendo, desde el primer día de clases.

Bueno, tanto la directora como los padres se quedaron boquiabierto de las cosas que esas estudiantes habían sido capaz de hacerme; pero aun así la principal, cumpliendo con su rol, expuso un castigo para todas.

El castigo que les asignó a las dos niñas, fue de ir por una semana, después del almuerzo, a limpiar las mesas y el piso del comedor. Y, a mí me asignó trabajar en la biblioteca después del medio día por el término de una semana, para sacarle el polvo a cada uno de los libros, acomodarlos por género y en orden alfabético en los armarios.

Bueno, la verdad del caso, que cuando yo llegaba a la casa, mi hermana me preguntaba si en vez de venir de la escuela venia de arar con los bueyes, debido a que llegaba como una cerda de tanto sucio que llevaba el uniforme y la cara. –Con razón los niños se reían de mí en el autobús escolar– (Pero esos eran otros veinte pesos...). Tal parecía que esos libros llevaban más de un siglo ahí almacenado y sin limpiarse.

¡Ah, pues bien!, después de ese día las niñas no volvieron a molestarme más; pero que ningún otro estudiante; al contrario Algunas se hacían la señal de la cruz cuando me veían venir, y otras se convirtieron en mis mejores amigos/as. Al contrario, algunas veces era yo la que se enojaba con ellos/as, por el simple hecho, de ver como sus padres se la pasaban continuamente en la escuela, pendientes de ellos; averiguando si se portaban mal o bien con los maestros, si sacaban buenas notas en los exámenes, participando en las reuniones con los maestros y en las actividades de la escuela.

Mas sin embargo, yo no tenía la dicha de tener ni siquiera un alma de Dios que diera la cara por mí; pero ni siquiera disfrutar de esos privilegios, ni de la satisfacción de tener apoyo o ser solicitada por un ser querido; especialmente mi adorada madre, que tanta falta me hacía y se encontraba muy lejos de mí.

Como podrán ver, eso a mí me llenaba de dolor, de tristeza y al mismo tiempo sentía envidia hacia mis compañeros/as de clases.

****

En la casa de mi hermana, no me hacía falta nada, porque papá del poco dinero que recibía de su pensión, lo dividía entre los gastos de su casa, de mis hermanos y los gastos que yo tenía en la casa de mi hermana y con los materiales de la escuela.

Tampoco tenía que trabajar mucho; pero que tampoco mi hermana me obligaba a hacer nada. Yo trabajaba porque no me gustaba quedarme de brazos cruzados, habiendo cosas que hacer. Además, mi hermana no estaba muy bien de salud y necesitaba que yo le ayudara con los quehaceres de la casa y a cuidar a los niños. Todas esas cosas, yo las hacía encantada de la vida. Después de todo, ella era mi media hermana y los niños eran mis sobrinos y yo los quería muchísimo.

Por otra parte, en la casa de mi hermana, también se respiraba aire fresco, paz y alegría. Excepto algunos fines de semana que era cuando surgían algunas discusiones en el matrimonio, por la razón de que mi cuñado salía, a hacer algunas diligencias y llegaba tarde y borracho a la casa.

Entonces, esos eran motivos suficientes, para que se agotara mi paz y mi tranquilidad, porque yo le tenía mucho miedo a los borrachos; inclusive cuando los oía discutir con otras personas.

Por suerte alguna, los enfrentamientos entre mi hermana y su esposo, no iban más allá que una simple discusión, que para hablar francamente; en este caso la que comenzaba las discusiones era mi hermana, porque no le gustaba que su esposo saliera de la casa a hacer los mandados y llegara a la casa tarde y con unos tragos demás.

Cuando ella le peleaba o le cuestionaba por llegar tarde y borracho; él le salía diciendo: —"cuando éramos novios igual yo bebía y me emborrachaba; más sin embargo, no te importó y aun así te casaste conmigo; así es que ahora te aguantas y no me vengas con peleas. Luego la ignoraba y se iba a dormir. Entonces a mi hermana no le quedaba otro remedio, que callarse la boca y acostarse adormir con él. Al otro día se levantaban muy felices como si nada hubiera pasado.

La casita de mi hermana, para ese tiempo, era bastante pequeña. Solamente tenía un cuarto de dormir, la sala, la cocina y el cuartito de baño que quedaba fuera de la casa. Yo dormía con una de mis sobrinas, en un caucho de abrir y cerrar, que habían colocado en la cocina.

Para empeorar las condiciones incómodas en que estaba durmiendo, antes del amanecer, se levantaba mi cuñado a bregar con los animales y por otro lado, llegaba la suegra de mi hermana a hacer café y a preparar la merienda que mi cuñado se iba a llevar al trabajo.

Ahora bien, el chirriar de las tablas que hacia al caminar, la bulla que formaba con los calderos; lavándolos y moviéndolos de un lado a otro, era suficiente para espantarle el sueño a cualquiera. Además aunque quisiera dormir, no podía. Entonces, tan pronto como se iba mi cuñado, me llamaba para que me levantara. Peor aún; me sacaba las sabanas diciéndome: "levántate manganzona, que ya está el sol que ahoga puercos". Si no me decía: si no te levantas te voy a echar agua fría encima y después te caigo a pecosas. Luego cuando me levantaba me decía: prepárate rapidito, porque ya mismo viene la guagua (autobús) de la escuela y si no estás lista te deja.

Entonces yo me levantaba sin esperar que me llamara dos veces. No por miedo, ni nada parecido. Bien sabía que ella estaba jugando conmigo y lo hacía para que no perdiera de ir a la escuela.

Ah, pues bien, Ella aparte de servirme, los mejores platos de comidas y el mejor café (tostado y molido por ella misma). También me daba buenos consejos y me entretenía haciéndome reír con sus chistes y con las bromas que me hacía. Por más crueles que fueran sus bromas, yo no me enojaba, al contrario la respetaba y le agradecía muchísimo sus consejos, la forma de tratarme y el tiempo que pasaba conmigo. Después de todo, ella era prima de mi abuela materna, de hecho, que para mí no era ninguna extraña; sino un familiar muy querido.

Hubo una ocasión (no recuerdo bien si fue viernes o sábado); llegó mi cuñado a eso de las diez de la noche. Mi hermana se levantó a asistirlo y a discutir con él por haber llegado tomado. En realidad ella era la única que discutía, porque él no discutía con ella. Siempre la escuchaba callado y después se iba a dormir. Luego todo quedó en silencio.

Yo me quede profundamente dormida, pero poco después de la media noche, me desperté y vi a un hombre semidesnudo parado en la puerta de la cocina, prendiendo y apagando el encendedor de un cigarrillo.

Su presencia me asusto grandemente, ya que como estaba oscuro, no podía ver bien su rostro, ni saber de quién se trataba. Hasta llegué a pensar que podía ser un fantasma.

Temblando de miedo y sin hacer ruido alguno, me arropé de pie a cabeza. Esperé unos cuantos minutos y después fui poco a poco despegándome la sabana de la cara, y vi que la persona ya no estaba allí parada. En eso se me ocurrió chequear a la niña, pero estaba profundamente dormida. <<Menos mal que no estaba despierta>> –pensé–.

Como consecuencia de lo sucedido, no pude volver a dormir esa noche. Me sentía nerviosa y asustada; aunque por momentos pensaba que había estado soñando o que a lo mejor, se podía tratar de mi cuñado y que no lo había hecho con malas in tensiones.

Tenía la certeza, de que él jamás me hubiera hecho daño alguno, puesto que él era una persona muy honesta y respetuosa. Además nunca se me había insinuado, ni me había faltado el respeto; al contrario, me protegía de los peligros y me quería muchísimo.

Seguramente, como aún permanecía ebrio no se percató y en vez de entrar en su cuarto, entró en la cocina.

Obviamente él estaba en su casa y si tenía que ir a la cocina podía hacerlo cuantas veces le pareciera. Además esos no eran motivos para yo asustarme, ni alarmarme; aparte de todo la casita era demasiado pequeña he incomoda y teníamos que compartirla entre todos conformemente. Eso lo tenía muy claro, más sin embargo, los días fueron pasando y aun así no me sentía a gusto ni confiada para seguir viviendo en su casa.

Después de todo, me costaba trabajo ignorar lo sucedido; ya que es muy difícil adivinar las intenciones y la maldad que se encierra en las mentes de otras personas. −"caras vemos, corazones no conocemos..."−.

Por tales motivos y sin pensar en la escuela, en la falta que me podría hacer mi hermana y las niñas, decidí irme de la casa, a la mayor brevedad posible.

Entonces al siguiente día, y aprovechando de que era domingo y que uno de mis hermanos me iba a venir a ver, recogí todas mis cosas y le dije a mi hermana que cuando viniera mi hermano Franco, me iba a ir con él para la casa de mi padre; ya que mis hermanos me hacían mucha falta y no quería pasar más tiempo lejos de ellos. Además, ya mi padre no estaba tomando y me necesitaba en la casa para que le diera la mano con mis hermanitos. También le dije que me quería cambiar de escuela porque la escuela que me tocaba ir el siguiente año no me gustaba.

Ella me miró y tristemente me dijo: −bueno si esa es tu decisión, yo no me opongo. Soy justa y sé que tú tienes todo el derecho en buscar tú mejor estar. También entiendo, que ya tú eres una señorita y yo no puedo darte todas las cosas que tú necesitas, aparte de que aquí la casa es muy pequeña y la cocina no es un lugar apropiado para una señorita dormir.

Mi esposo, está ahorrando algún dinero y muy pronto va a tener suficiente para comprar los materiales necesarios y añadirle otro cuarto más a la casita. Entonces, cuando ese cuarto esté construido, regresas a vivir con nosotros. Si es que no te has ido con tu mamá para Nueva York.

Las palabras justas y conmovedoras de mi hermana, me llenaron los ojos de lágrimas, pero también me transmitieron paz y tranquilidad; al tiempo en que alivianaban el peso enorme, que aplastaba mis hombros en esos momentos.

Esos momentos tan difíciles, cuando le comuniqué que me iba de su casa. Después de todo, esa fue la mejor forma de hacerlo, porque ella jamás merecía que me fuera huyendo de su casa como lo había hecho anteriormente de los otros hogares que había vivido sin ninguna explicación.

DIECISIETE

REGRESE A LA CASA de mi padre y me encontré con la sorpresa del año. En vez de recibirme papá me recibió una señora trigueña de mediana edad, vestida con un vestido largo, color verde limón y un delantal rojo con algunas manchas de plátano.

La señora cojeando de un pie, trataba de llegar hasta la puerta para recibirme y ayudarme a subir los vueltos que traía, pero la pobre señora apenas podía caminar. Tenía una pierna más corta y más gruesa que la otra y aunque vestía falda larga se le notaba a leguas, su imperfección.

Lentamente llegó hacia mí, me dio un beso en el cachete y procedió ayudarme a subir mis bultos.

Pensé que se trataba de la nana de los niños y curiosamente le pregunté por ellos; al no verlos por ninguna parte.

Amistosamente, me respondió que papá se los había llevado a misa y todavía no había regresado con ellos; pero que ya estaban por llegar.

<<no entiendo porque no se quedaron en la casa a esperarme. ¿Acaso no sabían que yo venía hoy? —le pregunté molesta por no encontrarlos en la casa>>.

¡Ay muchacha!, seguro que sí. Hasta madrugó a matar una gallina pa*³²que le hiciera un caldo y ya está listo. Cuando quiera se lo sirvo. A menos que quiera esperar por su papa para comer todos juntos. Ya ellos no tardan en llegar.

Está bien, yo espero por ellos; después de todo, no tengo deseos de comer nada ahora—le dije.

— Ven por aquí pa*³³ que guardes tus cosas en tu cuarto.

Me dirigí directamente al cuarto de mi madre que era también el mío y puse mis cosas en sima de la cama, pero no las había puesto bien, cuando la señora me interrumpió diciendo: "pasa tus cosas a este otro cuarto, porque este es mi cuarto. Aquí duermo yo con tu papá".

---

³² para

³³

En eso me pasé las manos ligeramente por la cabeza, me recogí el pelo en un chongo y me lo ajusté bien con la liga que traía puesta en mi muñeca, después bajé los bultos de la cama y los puse en el piso. Pues estaba tan sacada de honda con lo que me había dicho la señora, que no supe que pensar, ni que decir en esos momentos, pero que la señora tampoco me dejó en que pensar.

–Este es tu cuarto. Tu papá lo arregló especialmente para ti –me dijo con cariño.

– ¿Y cómo se llama usted? –le pregunté nerviosa.

–Gumersinda –me contestó

–Ahora dígame: ¿es usted la mujer de mi padre? <<Ella pareció ofendida con mi pregunta>>.

Se secó el sudor de sus manos con el delantal y caminando de un lado a otro me dijo: ¡Ah! ¡Tú no lo sabias!

–Es que... como hacía mucho tiempo que no venía por aquí –le respondí.

¡Qué raro! Yo pensé que su papá o su hermano Franco se lo había dicho.

No, por supuesto que no. ¿Cuánto tiempo hace que usted y mi padre se juntaron a vivir?

–Hace ya dos semanas –me contestó.

–Ahora lo entiendo –le respondí y dándole un abrazo le dije: –Mucho gusto señora Gumersinda y bienvenida a la familia.

No miento que me incomodó saber que ella era la mujer de mi padre y que estaba ocupando la cama que había sido de mi madre, pero también tenía que reconocer que según mi madre estaba haciendo su vida por otra parte, igual mi padre estaba en todo su derecho de hacer la suya y que mejor que con esta señora y ahora cuando más la necesitaba.

Definitivamente, yo no tenía derecho alguno, en regresar a la casa, después de tanto tiempo, a arruinarle el matrimonio a mi padre.

Hacía más de un mes que me había venido a vivir con mi padre, y a pesar de que me estaba llevando muy bien con mi padre, su mujer y disfrutando del cariño y la compañía de mis hermanitos, no me sentía tranquilo, ni en paz conmigo misma. Sentía un gran vacío en lo más profundo de mi alma. Un vacío que me hacía dudar y en ciertas ocasiones, me sentía confundida.

Miraba todo a mí alrededor, tratando de encontrar algo que me ayudara a descubrir que era lo que en verdad me faltaba para estar conforme, tranquila y feliz. Pero nada me conformaba, ni me tranquilizaba; al contrario, mis hermanos, el viento, el arcoíris, la lluvia y todo lo que me rodeaba solo me hacía más infeliz. Todo me recordaba mi infancia al lado de mi madre y de mis otros hermanos, que ya no estaban conmigo.

Sin duda alguna, ese era el vacío tan grande que había en mi alma; y aunque tenía a mi padre y a mis otros hermanos a mi lado, no era lo mismo, ni se escribía igual.

Lo único bueno ante todo era: que llovía con frecuencia, motivos por los cuales, nos subíamos todos a la cama, a conversar de las cosas que hacíamos y de nuestras inquietudes.

De vez en cuando, nos reíamos de las cosas que pasaban con nuestros amiguitos y también de nuestras ocurrencias.

Al fin, terminábamos dormidos. Entonces, poco después de cesar la lluvia, nos levantábamos a recoger los mangos que habían caído durante los fuertes aguaceros –que eran los más limpios y los mejores que se podían comer–.

Un día temprano en la mañana, nos sorprendió la visita de mi tío Federico. Todos nos alegramos muchísimo al verlo llegar.

Era nuestro tío favorito. Nunca llegaba a visitarnos con sus manos vacías. Siempre nos traía dulces, pan con queso, bizcochitos y juguitos de pera y de melocotón.

Ese día, el motivo de su visita fue también a hablar con mi padre para que me dejara regresar a su casa, porque su esposa y su hija Mariana estaban enfermas y me necesitaban.

Papá le dijo que no tenía objeción alguna; que todo dependía si yo así lo disponía. Que era mi decisión.

Al principio pensé negarme a ir, porque aún le guardaba rencor a mi prima por haberme maltratado, pero mi tío aparentemente, adivinó mis pensamientos y me dijo: Mira Luce, mi hija está muy arrepentida por lo que te hiso aquel día, por tu haberla desobedecido y quiere que tú la perdones; después de todo, dijo que tú no eres su hija para volver a pegarte. Recuerda que ella lo hiso porque no la obedeciste y también recuerda que ella tiene mal carácter, pero a pesar de todo, te quiere mucho. Eso es lo que más te debe importar.

Pues, no sé. ¿Dime tu papá, que hago?–le pregunté a mi padre.

Bueno, hijita está bien, te puedes ir con mi hermano con la condición de que vas a ir a la escuela. No quiero que abandones la escuela por ningún motivo.

–Eso ni lo dudes hermano. Tan pronto comiencen las clases tú mismo vas a ir con ella a inscribirle, que después yo y mi esposa nos vamos a encargar del resto.

<<Está bien tío. Acepto irme con usted en este mismo momento, pero que conste que es para su casa que voy a ir a vivir. Y en cuanto a su hija la iré a visitar cuantas veces me sea posible, pero no a vivir en su casa. Eso jamás. La única que me podía jalar las greñas y pegarme, era mi mamá y como usted puede ver, ella está muy lejos y no lo puede hacer>>.

Te entiendo muchacha; aunque no estoy de acuerdo contigo. Estas equivocada. Ni la madre tiene derecho a golpear y maltratar a un hijo/a. para eso hay otros métodos de corregir y educar a un hijo/a–dijo mi tío mientras se aclaraba la garganta.

Así es mi hermano, "y al que le quepa el saco que se lo ponga"...–dijo papá guiñándome un ojo.

Me fui a mi cuarto seguida por doña Gumersinda a empacar las cosas que me iba a llevar. Mientras las colocaba en mi maleta roja, le iba diciendo a doña Gumersinda que iba a venir a la casa a pasarme los fines de semanas para compartir en familia. También le encargué que tuviera mucha paciencia a mis hermanitos y que me los tratara bien.

–Vete tranquila mija, que los niños van a estar bien; además tu papá siempre está pendiente de ellos –me dijo confiada.

En ese corto tiempo que estuve compartiendo con doña Gumersinda me di cuenta de que era una buena mujer y que a pesar de sus impedimentos para caminar podía valerse por sí sola y desempeñarse muy bien en las tareas del hogar.

Por otra parte, papá ya estaba retirado del trabajo y se había dedicado por completo al cuido de los niños, a sembrar y a cultivar en los terrenos que estaban alrededor de la casa. Además dos de mis hermanos ya estaban bastante grandes y eran unos jovencitos muy ágiles he inteligentes. Por ejemplo: Abel, siempre estaba muy afanado inventando cosas; desarmando y arreglando bicicletas viejas, fabricando casitas para los perros, jaulas para las gallinas y los gallos de peleas; en fin, muy ocupado con las tareas de la escuela y en la carpintería que era su pasatiempo y lo que más le gustaba hacer.

Por otro lado, estaba Angelino "el cocinero y "el abogado" de la familia. Al parecer, todo lo sabía y lo discutía. Y no era para menos, puesto que leía cuanto libro o periódico conseguía. Era un niño que a pesar de la grave enfermedad que había tenido, se había desarrollado muy bien y con mucha agilidad e inteligencia.

A fuerza, había aprendido a cocinar y en cuanto a eso, no sufría hambre, pero que tampoco dejaba que sus hermanitos se quedaran sin comer por falta de cocinero. Lo mismo preparaba una buena tortilla con papas o freía bacalaítos. Le quedaban sabrosos y decía: "Esta es mi especialidad". Y después se reía.

La verdad que a su corta edad, se inventaba cada historia y la contaba con cierta naturalidad y seriedad que nos dejaba asombrados y se las creíamos. Era muy juicioso y decidido a todo. Siempre decía: "para mí no hay nada imposible. Yo le saco punta a todo".

Cabe también mencionar, que mis otros dos hermanos más pequeños: Mon y Tobías eran unos niños muy juiciosos y con buenas actitudes. Ambos compartían y jugaban sin discutir, ni rivalidad alguna. Rara vez se buscaban un regaño. Ellos eran la adoración de todos; especialmente de mi padre que los amaba y los quería entrañablemente. Mi padre decía que eran la niña de sus ojos y cuando los llamaba para que fueran a comer o para cualquier otra cosa, decía: –"Vengan acá mis tantitos, tantitos de papá".

Ahora bien, teniendo en cuenta que ya mis hermanitos pequeños tenían a mis otros dos hermanos, a mi padre que los llevaba a la escuela y los buscaba y a la mujer de mi padre, y que no iban a necesitarme para nada, decidí irme de la casa, sin preocupación alguna.

Además, yo tenía que estudiar y en la casa de mis tíos se me hacía más fácil asistir a la escuela, ya que me quedaba más cerca y no necesitaba transportación para ir.

Esa misma semana de haber llegado a vivir con mis tíos, me inscribieron en la Escuela Intermedia. Tuve la suerte de ser admitida en el grupo del Nueve-Cinco que se reunía en las tardes; de 12:45pm hasta las 5:00 pm.

Al principio me sentí incomoda con ese horario porque estaba acostumbrada a asistir a la escuela todo el día. Pero los demás grupos ya estaban llenos y no había un asiento disponible para mí.

Bueno a pesar de todo, ese grupo era el que más me convenía estar; ya que no tenía que madrugar y podía a provechar las mañanas para hacer mis tareas y al mismo tiempo, ayudarle a mi tía con los quehaceres de la casa.

La verdad que no había mucho trabajo que hacer en la casa de mis tíos. Los trabajos más fuertes los tenía que hacer en la casa de su hija y de su nieta. Salvo que algunas veces mi tía tenía que salir de la casa a hacer algunas diligencias y me tenía que quedar en la casa; ya que el joven incapacitado no se podía quedar sin supervisión.

Mi tía, era una mujer, saludable, ágil, trabajadora, caritativa y de un buen corazón. Por otro lado; era una persona de carácter fuerte, soberbia y no le gustaba que la corrigieran o le llevaran la contraria. Especialmente, cuando quería imponer su voluntad y la ignoraban.

Para ella, lo más importante era su casa y sus nietos. Yo admiraba su valentía y sus esfuerzos, porque no era fácil para una señora de avanzada edad, así como era ella, mantener una casa limpia, preparar comidas y al mismo tiempo cuidar de un joven incapacitado, la cual dependía de ella para sobrevivir; ya que no podía valerse por sí solo.

Para mí era obvio que algunas veces se sintiera cansada, de mal humor y se le pegara una cantaleta. Después de todo, solo mi tío, los vecinos y yo la escuchábamos, porque los demás familiares, cuando venían a verla, no se detenían a discutir con ella; y mucho menos a contradecirla.

Bueno eso era lo mejor que se les podía ocurrir, porque de esa manera se tranquilizaba. Mi tío y yo, por lo general, nos dedicábamos a escucharla, sin hacer comentarios y a reafirmar todo lo que ella decía con un gesto de cabeza, y nunca contradecíamos las cosas que ella decía.

Aunque también debo mencionar, que no todo el tiempo estaba de malhumor o con cantaletas. Por lo general, se les pegaban cuando recibía la visita de una de sus hijas a quien ella culpaba de mala madre. Pero… yo creo que solo existía en su mente, porque su hija era una madre muy dedicada a sus hijos y muy buena persona.

Bueno para decir verdad, yo disfrutaba muchísimo al lado de mis tíos. Especialmente cuando no tenía nada que hacer. En ese caso, me sentaba con mi tía o con mi tío en el balcón a tomar aire fresco, a conversar, y a entretenernos mirando a todas las personas y a los carros que iban y venían por la calle.

Por las noches, mis tíos, me dejaban salir a pasear con mis amigas. Íbamos a la plaza de recreo, a ver un juego de baloncesto o al cine. Y, los fines de semana, cuando no iba a ver a mi padre y a mis hermanos; salía acompañando a mi otra prima y a su esposo cuando sacaban a pasear a su hijo incapacitado.

Ah, pues bien, durante ese tiempo, que viví en la casa de mis tíos lo pasé trabajando como una esclava y estudiando. Ahí terminé creciendo y formándome como una señorita bien educada y con altos principios religiosos y morales. Pero más que nada aprendí a trabajar y a luchar para alcanzar mis sueños.

DIECIOCHO

EN LA ESCUELA ACOSTUMBRABA sentarme en la primera fila del salón de clases, para prestar más atención a la maestra, ver mejor la pizarra y no ser distraída ni interrumpida por los demás estudiantes. Fue así como fui vista por unos gemelos que también estaban en el mismo grado que yo, pero en otro salón y a distintas horas.

Uno de ellos pasaba constantemente por el pasillo y se detenía en la puerta de mi salón a mirarme y a tirarme besos. Luego después de la escuela me esperaba al salir del salón, para acompañarme hasta la casa.

Por supuesto que al principio yo no se lo permitía, además yo siempre iba acompañada por una de mis compañeras de clases que también era mi vecina y no queríamos ir perseguidas de ningún chico, puesto que no se veía bien y en nuestras casas nos regañaban.

Un sábado en la mañana, mi tía me envió al correo, a depositar unas cartas. Al llegar al correo, me sorprendió mucho encontrarme con el jovencito que había conocido en la escuela. Me extrañó mucho que no se alegrara al verme y que no me dirigiera la palabra. Entonces cuando me dispuse a salir por la puerta, el joven se me acercó y amablemente me preguntó como yo me llamaba y adonde vivía. Yo encontré raro y al mismo tiempo absurdo que me hiciera esas preguntas que ya anteriormente, me las había hecho y se las había contestado. Entonces me enoje muchísimo porque creí que se estaba burlando de mí, y comencé a pegarle con un paragua que me había llevado para taparme de la lluvia que estaba cayendo ese día.

Él se asustó un poco y para que no le siguiera pegando me agarró la sombrilla y ambos comenzamos a forcejear con ella. Yo para quitársela y el para que no siguiera pegándole con ella. Como él era más fuerte que yo me quito la sombrilla y la aventó a un lado y al mismo tiempo comenzó a besarme en la boca. Yo me deje besar y después lo empuje fuertemente y me fui corriendo hacia mi casa.

Después de ese día "me flechó cupido" porque quedé locamente enamorada del joven estudiante. Todo el fin de semana me la pase suspirando y pensando en el beso ardiente que me había dado el chico guapo de la escuela.

Anhelaba con ansiedad que fuera lunes para regresar a clase y volver a verlo. Pero afortunadamente no tuve que esperar mucho, porque ese mismo día en la noche fui al cine con unas amigas y tuve la suerte de encontrármelo y sentarme a su lado a ver la película. Todo paso como si ya nos hubiéramos puesto de acuerdo.

Luego el domingo, cuando fui a la iglesia con mi tía volví a encontrármelo y aprovechando que mi tía estaba distraída con unas amigas, acudí a su llamada y fui a hablar con él en una esquina de la iglesia. El me pregunto que si quería ser su novia y para que no insistiera mucho y mi tía se diera cuenta de que estaba hablando con el sin pensarlo bien le dije que sí y regrese al lado de mi tía.

El lunes de la siguiente semana, llegué como de costumbre a la escuela y esta vez me tocó sentarme en el salón de Matemáticas y en el asiento de la primera fila cerca de la puerta.

Ciertamente tal y como me lo imagine. El chico comenzó a dar sus vueltas por el pasillo de la escuela como de costumbre y esta vez envés de tirarme besos, me tiró con una flor. Era una rosa roja.

Yo esperé a que se fuera y después recogí la flor del piso y la metí adentro de mi libro y seguí prestando atención al maestro, como si nada hubiese pasado; solo los comentarios que habían hecho algunos estudiantes.

Entonces al finalizar las clases, me encontré con el chico esperándome en el frente de la escuela. En eso vino hacia mí y me dijo: -estaba ansioso por verte y por hablar contigo. Está bien le dije: –podemos hablar de lo que tú quieras, pero te pido que no me vuelvas a tocar ni a besar como lo hiciste el sábado en el correo y mucho menos en la calle y en frente de los demás estudiantes, porque si lo vuelves a hacer no vuelvo a dirigirte más la palabra.

El negó todo lo que me había hecho e inclusive me dijo que ese día él no estaba en el pueblo, porque había salido con su papá para San Juan.

Yo seguí insistiendo que era él y que no fuera tan mentiroso y tan cínico y lo negara. Más le dije que se alejara de mi porque no quería volver a verlo ni a encontrarme con él en ningún sitio.

Esas palabras que le dije, se perdieron en el espacio, porque el chico se hizo el chivo loco y no dejó de perseguirme y de acompañarme, tarde tras tarde, para enamorarme con sus buenos modales y con sus dulces palabras.

Bueno, así fue creciendo nuestra amistad y nuestro amor hasta que una tarde al salir de la escuela me llevé una gran sorpresa y fue cuando me encontré a dos chicos tan iguales como dos gotas de agua, que estaban esperándome enfrente de la escuela.

Uno de ellos inmediatamente se me acercó y me tomó de la mano diciéndome: —mira amor te presento a mi hermano gemelo.

-¿Qué rayos es esto? —musité entre dientes.

Su hermano se quedó boquiabierto del asombro y después de titubear por unos segundos de un lado a otro,

—dijo: —No, no, hermano. La verdad es que esto debe ser una broma, porque esta es mi novia. Es la chica de la que te había hablado.

Yo comencé a temblar y no podía creer lo que estaba viendo ni lo que estaba escuchando. Tampoco podía pronunciar palabra alguna. Me había quedado muda del asombro. Me había enamorado de dos chicos al mismo tiempo y sin darme cuenta de quién era uno o el otro.

Me sentí confundida y lo único que hice fue zafarme de la mano del chico que me la tenía sujetada y salir del lado de ellos a toda prisa.

Me fui directamente a mi casa y ni siquiera pude cenar ni dormir bien esa noche, tratando de visualizar en mi mente a cada uno de ellos. Trataba de describir sus rostros, sus cuerpos, el modo de actuar, de caminar, de las cosas que hablábamos y solo pude atar algunos cabos sueltos. Como el día en el correo, en la iglesia y en el teatro. Pero aun así pensaba que se trataba del mismo chico.

La situación me resultaba extraña y patética y no quería salir a la calle ni ir a estudiar, para no encontrarme con ninguno de ellos. Pues no sabía cómo iba a desprenderme de uno de ellos, porque sentía lo mismo por los dos y era lógico, porque siempre había creído que se trataba del mismo chico.

Ahora bien, al otro día temprano en la mañana antes de ir a la escuela, fui a la casa de mi amiga para contarle mis preocupaciones y al mismo tiempo sacarle alguna información acerca de los gemelos.

Efectivamente ella me contó que los conocía desde la infancia y que el chico, que siempre se la pasaba dando vueltas por el pasillo, era Jaime. Y que además, era el mismo que nos acompañaba, al salir de clase. También me dijo que su hermano gemelo se llamaba Julián, pero que estudiaba en las mañanas y era casual que anduviera dando vueltas por el colegio.

¡Por favor! ¿Dime, como es que tú sabes distinguir el uno del otro? —le pregunté con entusiasmo.

—Eso es muy fácil de averiguarlo; fíjate bien en los dos cuando estén juntos y te darás cuenta, que uno es más delgado que el otro y uno es más cariñoso y amable que el otro.

Ahora también te digo que Jaime es un picaflor; se pasa tirándole flores a casi todas las chicas del colegio.

Está bien amiga. Todas estas cosas que me has dicho de esos muchachos, me ha sacado de algunas dudas. Además quiero que esta tarde me digas cuál de los dos va a estar enfrente del colegio esperándome; si es Jaime o Julián —le pedí de favor.

Bueno, en realidad el problema que estaba teniendo con los gemelos, no resultó ser tan complicado como me lo había imaginado. Solo necesitaba tiempo para analizar bien mis sentimientos y darme la oportunidad de reunirme con cada uno de ellos, para comprobar cuál de ellos era en realidad el chico del que me había enamorado.

Efectivamente, esa tarde se presentaron los dos a esperar que yo saliera de clase.

¡Vaya rayo! —Le comenté a mi amiga Silvana—. Respiré de forma entre cortada, casi sin aire. Luego regresé de nuevo a la escuela, tratando de esconderme para que no me fueran a ver, pero mi amiga me dio ánimos diciéndome —no seas tonta. Ahora es el momento para que descubras quien es quien y salgas de dudas.

—Está bien, de acuerdo. Vamos a salir a "enfrentar al toro" —le dije y ambas nos reímos en voz baja.

Cuando ya estábamos a unos cuantos pies de los gemelos mi amiga me dijo:

—Mira el chico de la camisa blanca. Es Julián y el de la camisa azul es Jaime.

—Guau —respondí, tal y como me imaginaba a Julián.

— ¡Hola, Chica misteriosa! —me saludó Julián en el momento en que me daba un beso en la mejilla y Jaime me tomó de la mano.

Al mirar a ambos, comprendí que era cierto lo que me había dicho mi amiga. "Uno era más delgado que el otro"

Mi tez enrojeció al fijar mis ojos en los ojos verdes de Julián que estaban clavados en los míos más brillantes que nunca. Sentí que su mirada me gritaba hipócrita, mentirosa, infame y perversa. Por otro lado, su hermano Jaime sonreía burlonamente, creyendo que yo lo prefería a él y que le había ganado la novia a su hermano.

Luego terminó comprobándolo cuando su hermano Julián se inclinó frente a él y le dijo:

– ¡Ah, mira qué bien! Entonces esta es tu novia. ¡Que fea te la búscate! —murmuró Julián.

Me sorprendí escucharlo decir esas palabras. A pesar de que ya había superado un poco el complejo de fea que mi abuela me había inculcado desde niña. Volví a sentirlo y eso me hizo sentir peor de lo que ya estaba.

Entonces en voz alta y arrogante —les dije a ambos:

—Yo no soy novia de nadie. Qué se han creído pal de idiotas, que yo vengo a la escuela a buscar novio. Pues no es así canto de imbéciles. Conmigo ustedes no juegan. Así es que se me van los dos a freír papas a otro sitio y dejan de molestarme.

Entonces suspiré profundamente y sin decir otra palabra, me alejé del lugar acompañada por mi amiga que aguardaba pacientemente por mi mientras se chupaba una piragua.

Cuando me acerqué a mi amiga Silvana le pregunté: – ¿oíste lo que le dije a esos estúpidos y lo que me dijo uno de ellos?

—Claro lo escuché todo y me alegro de las cosas que les dijiste. No podía dejar que esos chicos se burlaran de hayas puesto en su sitio para que no piensen que eres una boba.

Bueno, creo que hice bien en decirle todas esas mí —le aseguré.

Uno de los gemelos no se dio por vencido y lo mismo daba vueltas por los pasillos de la escuela que por donde yo vivía. Lo mismo me lo encontraba en la calle, en el cine que en la iglesia sirviendo de monaguillo con su otro hermano.

Nunca había visto a unos jóvenes tan devotos a la iglesia y esto me causaba admiración por ellos. Aunque no dejaba de recordar el día que uno de ellos me tiñó de fea, pero que tampoco se había borrado de mi mente ni una sola de las palabras que habían cruzado conmigo y mucho menos el beso que me había robado uno de ellos en el correo.

Un día fui a una fiesta de cumpleaños de una compañera de clase y en esa fiesta estaba uno de los gemelos. El me invitó a bailar. Al principio me negué pero mis amigas insistieron en que yo bailara con él. Entonces como ya había bailado con otros chicos, no me atreví a despreciarlo y acepté bailar con él. Mientras bailábamos él me iba hablando en el oído de lo mucho que me quería y que me extrañaba.

También me dijo que él había ido a esa fiesta porque sabía que yo iba a ir y quería hablar conmigo. Me pidió disculpas por haberle dicho a su hermano que se había buscado una novia fea. Que había dicho eso, para molestar a su hermano y porque estaba enojado y celoso.

Proseguí bailando con él hasta que se terminó la fiesta. Pues no pude rechazarlo porque yo también así lo deseaba, aparte de eso era mi primer amor y lo quería y lo extrañaba muchísimo. Ante de todo, pasar el tiempo en compañía de él me hacía muy feliz; ya que me sentía sola y abandonada sin el calor de mis padres y el de mis hermanos.

Sabía que no tenía edad para enamorarme y que aún no se me había caído bien el ombligo –como decía mi abuela-, pero no era fácil ocultar los sentimientos y tampoco era un delito enamorarse; ya que en el corazón no se manda, ni en los sentimientos de una persona.

Después de esa fiesta de cumpleaños nos hicimos novios. Nos veíamos a diario en la escuela y después de la escuela, salíamos a pasear, o al teatro. En compañía de algún amigo/a o de un familiar.

Un día me preguntó que por qué yo vivía con mis tíos y no con mis padres. Entonces yo le dije que mi madre, se había ido a los Estados Unidos y me había dejado con mi padre y con mis hermanos, pero que había tenido problemas con mi papá y me había tenido que salir de la casa. Entonces el aprovechó el momento para decirme que él era huérfano y que las personas con quien él vivía se habían hecho responsables de su hermana, de su hermano gemelo y de él, desde que él tenía tres años de nacido. Su historia parecida a la mía, me conmovió muchísimo y entonces comencé a quererlo más aun todavía.

El día que nos graduamos de noveno grado, ambos desfilamos juntos en la graduación. La verdad que lo pasamos de maravilla. Fue un día muy especial e inolvidable.

DIECINUEVE

AL TERMINAR EL AÑO escolar, las cosas fueron cambiando. Ya no tenía la misma libertad ni tiempo libre para salir y mucho menos podía recibir a mi novio en la casa, ni salir con él a ningún sitio. En realidad no tenía tiempo, disponible para nada. A parte de que me veía obligada ayudarle a mi tía con la limpieza de la casa, también tenía que ir con mis otras primas. Una de ellas me venía a buscar para que le ayudara con los niños y la otra, para que le limpiara toda la casa.

Todos esos trabajos los hacía sin paga alguna; pero los hacia conforme y con mucho amor, porque era mi familia. Además con ellos no me hacía falta nada. Solo un poquito de compasión y de amor. Pero ese amor lo tenía al lado de mi novio que me quería con locura y también al lado de mi padre y mis hermanos, que dicho sea de paso, apenas tenía tiempo para ellos. Aparte de eso, mis tíos no me dejaban tener novio. Decían que tanto el como yo éramos aun unos adolescentes y que además yo tenía que enamorarme de un buen muchacho y no de un recogido sin futuro.

Todas esas cosas que me decían de él, me inquietaban y me dolían porque el chico, a pesar de todo, era muy bueno e inteligente y el hecho de ser huérfano nadie tenía derecho a juzgarlo, despreciarlo ni humillarlo. Además era mi primer amor y yo lo amaba y lo adoraba con toda mi alma.

Un día Julián me envió con una hermana de crianza, unos boletos para que fuera con él a un baile. Pero cuando le pedí permiso a mi tía para asistir, ella se negó a darme el permiso y me pidió que le entregara los boletos que me había entregado la muchacha para romperlos. Yo le mentí diciéndole que no sabía a donde los había puesto. Entonces cogí los boletos y los escondí adentro de un florero que estaba sobre una mesa.

Luego como estaba tan enojada y no se me antojaba comer nada a la hora de la cena; cuando mi tía me sirvió la sopa de fideos, la derramé adentro del florero y después fingí que me la había comido.

Entonces el día del baile, vino a buscarme uno de mis primos y su novia, para llevarme al baile. Como yo estaba tan deprimida y andando "como alma en pena", por toda la casa.

A mi tía se le conmovió el corazón y me dejó ir con ellos al baile. Pero por desgracia o por bien, los boletos estaban todos mojados y manchados de manteca con achiote y ya no servían.

Por mentirosa y soberbia, perdí los boletos. Pero para mí eso no era indispensable, y además yo no me iba a quedar vestida y alborotada. Entonces aprovechando que mi tía me había otorga el permiso y que me habían venido a buscar.

Me arreglé bien el cabello y ligeramente me puse el traje de seda azul, que me había traído mi hermano de Nueva York y que ya había elegido para esa ocasión con mis zapatos blancos. Me pasé por la cara la mota del estuche de polvos coty, me puse un leve toque de rouge rosado y metí el lipstick en la cartera de satín blanca para pintarme los labios en el carro y evitar que mi tía me lo hiciera quitar antes de salir de la casa.

Según ella yo no necesitaba usar maquillaje para verme bonita y aparte de eso no tenía edad suficiente para andar por la calle, embarrada de pinturas en la cara.

Después de todo mi mayor interés era salir de la casa a encontrarme con el príncipe de mis sueños, que ansiosamente esperaba por mí en la entrada del lugar del baile.

Sabía que sin boletos no podíamos entrar al baile, entonces me llevé un dinero que había ahorrado del que me daba mi padre y mi tío, para ver si podía comprar otros boletos allá en el baile.

Efectivamente, tuve la suerte de encontrarme a un joven allá en la puerta, vendiendo un pal de boletos y se los compré; aunque por más dinero.

Ahora bien, compré los boletos disimuladamente y con mucha precaución. No quería que Julián se enterara de lo que me había ocurrido con los boletos que él me había enviado.

Como hacían varios días que Julián no me veía, entonces cuando me vio llegar, se alegró tanto, que corrió a darme un beso y me apretó fuertemente contra su pecho. No me sentí cómoda con su actitud y busqué la forma, de desligar sus brazos, de mi cuerpo, diciéndole: – ¿sueltamente, por favor?

No me gusta que me beses, ni me abraces, en ningún sitio. Recuerda que no somos adultos.

El baile estuvo espectacular. Todos disfrutamos y nos divertimos muchísimo, pero al día siguiente, vino una persona chismosa y le contó a mis tíos, que yo había estado en el baile con Julián y que estaba dando un show bailando y besándome con él. Yo me puse furiosa y le dije a mis tíos que eso era mentira. Que yo si había bailado con el muchacho, pero que lo demás que le habían dicho no era cierto.

Mi tío me creyó todo lo que le dije, pero mi tía no. Entonces cuando mi tío se fue a la calle mi tía comenzó a refunfuñar, y a insultarme. Entre uno de los insultos, me dijo que yo había salido loca como mi madre y que por esa razón andaba besuqueándome con el recogido por la calle. Me dolió en el alma que me mencionara a mi madre y que dijera que ella era una loca.

Trate de contenerme la rabia y los deseos de gritarle y contradecir todas las calumnias que estaba insinuando de mi madre y de pedirle que tuviera un poco de respeto y no hablara mal de mi madre.

Respiré profundamente, me tape los oídos para no seguir escuchándola y salí de la casa rumbo a la plaza del mercado, donde siempre encontraba a mi tío, sentado en un banquito, esperando a sus clientes.

Me paré enfrente de él y ahogada por el llanto, con lágrimas corriendo por mi rostro, le conté lo que me había dicho mi tía.

También le pedí permiso para irme a la casa de una amiga, porque no quería regresar a la casa para evitar tener que soportar más insultos.

Él me dijo que estaba bien y que me fuera a la casa de mi amiga y que más tarde pasaba a buscarme, para que regresáramos juntos, a la casa.

Cuando llegué a la casa de mi amiga le conté a ella y a su mamá que estaba tenido serios problemas con mi tía y que cada día que pasaba se me hacía más complicado y más difícil seguir viviendo en su casa.

Entonces mi amiga le pidió a su mamá que me dejara quedar en su casa. Como la señora me vio llorando y nerviosa, asintió a que me quedara, pero que antes tenía que hablar con mi tío y ver si él estaba de acuerdo en que me quedara en su casa.

Sin perder tiempo alguno, nos fuimos directamente adonde estaba mi tío. La señora le dijo que si él estaba de acuerdo para que yo me quedara en su casa a vivir. Entonces mi tío le dijo que en cuanto a eso no había problema alguno, y que estaba muy agradecido de ella por querer ayudarme. También le dijo que le iba a pagar una mensualidad por hospedarme en su casa.

Bueno ambos se pusieron de acuerdo y ese mismo día me quedé a vivir en la casa de mi amiga.

La madre de mi amiga Marcia, me impuso ciertas reglas, las cuales cumplía religiosamente y con exactitud.

Me permitía ir a pasear y al cine con Julián, siempre y cuando, me comportara con mesura y estuviera acompañada por una amiga, o con alguna persona mayor y de respeto.

Los pocos meses que conviví en la casa de mi amiga me sirvieron de descanso y de otras libertades y beneficios que no había podido obtener en los otros hogares que había vivido anteriormente.

Por ejemplo: pude estudiar y trabajar al mismo tiempo; cosa que pude obtener un dinerito para darle a mi padre y también comprarle una que otra cosita a mis hermanitos, logré tener más libertad, porque dejé de ser esclava de mi propia familia, pude compartir más con mis hermanos y con mis amigas del colegio y otras tantas más que conocí, pero más que nada me quedaba suficiente tiempo para dedicárselo a mis estudios y a mis devociones religiosas (ir a la iglesia y rezar el Santo Rosario era una de ellas).

La madre de mi amiga era una señora alta trigueña, cabello escaso rizado, robusta, recia, emprendedora y por cierto aparentaba ser una persona recelosa. Especialmente con su hija; la única que había tenido con un señor mucho mayor que ella. Tenía un carácter fuerte, pero a pesar de todo, me acogía muy bien con ella.

A veces nos poníamos las tres y algún vecino, a jugar bingo, hacer chistes y nos divertíamos muchísimo.

Al comienzo del año escolar, la señora se vio obligada, a regresar a Nueva York, con su esposo y dejar a su hija y a mí en la casa de una hermana suya, con el fin, de que su hija terminara el año escolar y después regresara a vivir a Nueva York con ella y su papá.

No me fue difícil acostumbrarme en la casa de su hermana, y de su familia. Pues eran personas de negocios y ya hacia algunos años que los había conocido. Especialmente a la tía de mi amiga, que era amiga y vecina de mis tíos y los visitaba con frecuencia.

En comparación con los otros sitios (de mi Propia familia) en donde yo había vivido anteriormente, este era el mejor.

No estaba obligada a trabajar, ni tenía necesidad de hacerlo, porque mi tío continuaba pagándome el hospedaje y mi padre también me daba dinero para mis gastos.

Me sobraba más tiempo para estudiar, compartir con mi padre, con mis hermanos y con mis amigas.

Compartía y me llevaba estupendamente bien con los tíos y los primos/as de mi amiga y me sentía bien, porque me trataban con mucho amor y respeto. Me hacían sentir, como parte de la familia. A parte de eso, podía ver y hablar con Julián en el balcón de la casa y salir a pasear todos en grupo.

Más sin embargo, a medida que iba avanzando el año escolar, la amistad que sostenía con Julián se me fue convirtiendo en una pesadilla.

Comenzó a celarme, de uno de los hijos de los señores donde me estaba hospedando. Me acusaba de estar enamorada de él y cada vez que me veía cerca de él, le daba un ataque de celos.

Un viernes en la noche, los hijos, las hijas, mi amiga y yo, nos pusimos de acuerdo para ir al cine, a ver una película.

En el teatro, nos sentamos todos en una misma fila. Al lado de Nancy se sentó su hermana Christina y al lado de Christina se sentó su hermano Erick y yo me senté en medio de Erick y Marcia, para poder disfrutar de la película y compartir con ambos al mismo tiempo.

Entonces, al otro día, a eso de las siete de la mañana, llegó la madre adoptiva de Julián, muy alterada, preguntando por mí y por Erick.

La madre de Erick le dijo que ambos aun estábamos durmiendo y para que nos andaba buscando. La señora entonces les dijo, que Julián había visto a Erick conmigo en el cine y que loco por los celos, había ido a la casa y había intentado suicidarse, comiéndose un pedazo de pan con pasta eléctrica (veneno de ratas). Doña Salma, preocupada y nerviosa por lo que doña Edna le había dicho, fue y tocó en la puerta del cuarto, donde yo dormía. Entonces me levanté casi dormida para abrirle la puerta. En eso, ella me dijo que la señora Edna, estaba en la casa, porque quería hablar con Erick y conmigo.

Me estuvo raro que doña Edna, se presentara a verme, tan temprano y casi dormida le pregunté el motivo de su visita. Ella, envés de responder a mis preguntas, perturbada por lo que le había dicho su hijo y por lo que había hecho, comenzó a insultarme.

En eso apareció Erick, que ya se había enterado por su mama de la visita de doña Edna y del motivo de su visita; se le acercó y le dijo a la señora, que su hijo estaba equivocado y además muy mal informado. Que estaba viendo cosas donde no las había, debido a que el a mí me quería y me respetaba como a una hermana y que aparte de eso, él tenía su novia.

Doña Salma le aconsejó que llevara a su hijo con un psicólogo, porque una persona que insinúa y ve cosas donde no las hay, y trata de quitarse la vida, no puede estar bien de la cabeza.

Yo por el contrario, no podía aceptar, ni creer que lo que había escuchado, ni los insultos de doña Edna, venían dirigidos a mí. Pero que tampoco podía creer, que por una mentira, o una ofuscación, Julián fuera capaz de intentar contra su propia vida. ¡Bendito sea a Dios! –Pensé–, no puede ser que la historia del pasado se me esté repitiendo.

Bueno, aparentemente con las cosas que le dijo Erick y con las que le dijo doña Selma, la señora Edna recobró la cordura y se tranquilizó. Mas sin embargo yo continuaba aterrorizada y sin encontrar que decir o que hacer en esos momentos.

Por eso cuando la señora Edna, me pidió que la acompañara hasta su casa, para que hablara con Julián y lo hiciera rehuir des sus celos absurdos convenciéndolo de que él estaba equivocado y también para que entrara en razón y no volviera a intentar contra su vida, me negué rotundamente a ir con ella, porque después de lo que él había dicho y había hecho yo no deseaba hablar con él y mucho menos caminar con ella hasta su casa después que me había ofendido. –Quizá yo era una mierdita de muchacha, pero tenía orgullo y principios–.

Tan pronto doña Edna se fue, yo me encerré en el cuarto a llorar de la rabia tan grande que estaba sintiendo en esos momentos. Recordaba cuando mi padre acusaba y celaba a mi madre injustamente. Luego me calmé un poco y decidí escribir una carta para mandársela a Julián. Cuando estaba casi lista para sentarme a escribirla, doña Salma entró en mi cuarto y me preguntó – ¿qué piensas tú de ese chico malcriado y que piensas hacer al respecto? ¿Vas a ir a hablar con él y ponerlo en su sitio?

–No por supuesto que no. No voy a ir a verlo, pero ahora mismo voy a escribir una carta para mandársela.

– Esa es una buena idea –dijo doña Salma.

– ¿Puede ayudarme a escribirla? –le pregunté.

– ¿Hablas en serio? –preguntó sorprendida.

–Claro. Ayúdeme porque yo no sé ni cómo empezar –le supliqué.

Bueno, escríbela y después si quieres me la das para leerla y ver si está bien escrita –me sugirió.

La carta leía así:

–*Estimado Julián, me urge decirte por medio de esta carta, que estoy consternada y muy disgustada contigo, por saber que tú estás actuando como un chiquillo ignorante y muy tonto. Es así como te visualizo y pienso de ti en estos momentos después de enterarme que tú has sido capaz de fabricarme calumnias y tener la torpeza de intentar contra tu propia vida –por andar de bobo creyendo y pensando en estupideces-. Quiero que sepas que si tu intención es manipularme o chantajearme, te advierto que estás muy equivocado, porque desde este mismo momento te digo que yo no tengo las intenciones; ni estoy dispuesta a perder más tiempo contigo, porque me has demostrado ser un joven fracasado, que no sabe darle frente a los problemas ni resolverlos; pero que tampoco sabe luchar por las cosas que son importantes y que quiere en la vida.*

Aun te falta crecer y aprender más aun todavía y a hacerte un hombre de pelo en pecho.

Lo siento mucho si te hieren mis palabras pero eso es lo que estoy pensando y lo que siento acerca de ti.

Además yo no quiero ni necesito más problemas de los que ya tengo. Así es que hemos terminado nuestro noviazgo y te deseo lo mejor…Adiós, Goodbye, au revoir…

Después de terminar de escribir la carta, le pedí a mi amiga Marcia, que me acompañara a la casa de uno de mis compañeros de clases, para que le entregara la carta a Julián.

El haberle enviado esa carta resultó ser muy efectiva, porque Julián vino a verme ese mismo día después de haber leído mi carta.

A eso de las ocho de la noche, mi amiga Marcia y su amiguito Billy estábamos los tres en la plaza del recreo, sentados en un banquito, cuando de pronto dice Marcí:

—¡Oh my God! Look whose coming. "What do we do now?" [¡Ay, Dios mío, mira quién viene ahí! ¿Qué hacemos ahora?]

—Nada Chica. Quédate tranquila como si no hubieses visto a nadie —dijo Billy.

¡Ay, Dios mío! —dije asustada, porque no sabía con qué intenciones venía hacia nosotros.

Tranquilas…tranquilas chicas, que no están solas. Además él es mi vecino y mi mejor amigo y los dos nos entendemos muy bien.

Hola Billy, hola Marcia. ¿Cómo están ustedes?

—Saludó Julián amablemente y después me tomó de la mano diciéndome: —Ven conmigo que necesito hablar contigo.

Pensé en rechazarlo, pero como le noté sus ojos aguados y con su rostro triste, me puse patética y decidí acompañarlo. Nos sentamos en otro banco, cerca del que permanecía Billy y Marcia sentados.

Mira amor, comenzó diciéndome; yo estoy aquí sentado a tu lado, porque quiero que tu sepas que te amo como a mi propia vida y no quiero perderte ni alejarme de ti por nada de este mundo.

Sé que fui un imbécil por acusarte y pensar mal de ti, y también sé que fue una gran estupidez lo que intenté hacer contra mi vida. Te pido y te ruego que me perdones. Jamás lo voy a volver hacer. Te lo juro. Esas cosas nunca más se van a volver a repetir. Te lo prometo. De eso puedes estar segura.

Me sorprendió escucharlo hablar así y me encogí de hombros, luego me tomé un respiro para poder ganar fuerzas para exponerle mi sentir y perdonarlo.

Contemplé fijamente su rostro mientras el contemplaba el mío y cuando me decidí abrir la boca para decirle que lo perdonaba y que no había nada en este mundo que yo quisiera más que a él, no pude decírselo porque en ese mismo instante, él me selló la boca con un beso.

Terminamos juntos el resto del año escolar, muy enamorado y muy feliz, pero cuando llegó el verano, comenzaron a surgir ciertos cambios y problemas. Mi amiga Marcia tuve que irse a Nueva York con sus padres y yo continuaba viviendo en la casa de sus tíos.

Su partida me causó mucha tristeza; ya que compartíamos mucho tiempo juntas y nos llevábamos como hermanas; además yo había pensado irme con ella a Nueva York a reunirme con mi madre y con mis dos hermanos mayores, que también se habían ido a vivir para allá. Pero cuando llegó el momento de irme, me arrepentí porque no quería alejarme de mi padre y de mis hermanos y mucho menos de Julián.

Una calurosa tarde del mes de julio, estaba esperando a Julián para que fuera a buscarme a un trabajo que hacía unas cuantas semanas había conseguido, y al que él me llevaba y me buscaba todos los días.

De pronto vino una compañera de trabajo y me preguntó que si estaba esperando a Julián, y le respondí que sí, entonces ella me dijo pues parece que se le olvido venirte a buscar, porque lo acabo de ver al lado de la iglesia, sentado en un banco con una muchacha.

Enseguida recordé que su hermana de crianza, me había informado que había venido una sobrina del padrino de Julián a pasarse unas vacaciones y que se la pasaba todo el tiempo metida en su casa y detrás de Julián, porque se había enamorado de él. Enseguida pensé que se trataba de la misma muchacha.

Por primera vez comencé a sentir celos y me puse nerviosa y furiosa al mismo tiempo. Me llené de ansiedad y desesperación. Quería salir de allí corriendo para llegar a donde él estaba sentado con la chica, pero las piernas me temblaban y casi no podía caminar.

Hice un esfuerzo para conservar la calma.

Respiré profundamente y después me dispuse a continuar mi camino.

Efectivamente, tal y como me había dicho mi amiga; allí sentados en un banco y al lado de la iglesia, encontré a Julián acompañado por la sobrina de su padrino.

Cuando él me vio venir, enseguida se puso de pie y camino hacia mí como si nada hubiese pasado y sin malicia alguna. Yo le dije —no te molestes en venir donde mí. Quédate ahí sentado que estas muy bien acompañado. Entonces él me dijo algo asustado —estaba aquí esperando a que fuera hora para ir a buscarte al trabajo.

¡Ah, tú crees que yo soy boba y que me mamo el dedo! Mira no seas falso y mentiroso. Ve y siéntate de nuevo al lado de tu novia y no seas tan descortés. No le hagas un desplante dejándola sola —le dije con deseos de llorar por haberme engañado con esa muchacha.

—Maldita sea, ¿qué rayo te pasa? Esta chica no es novia mía. Mi novia eres tu —me gritó furioso.

—Eres un falso, un hipócrita y muy poco hombre. En vez de llevar pantalones deberías llevar falda —le dije mientras caminaba hacia el salón de belleza, de una antigua vecina y amiga mía —que me quería mucho. El siguió detrás de mí, pero yo entré al beauty salón y me encerré en el baño. Entonces el comenzó a llamarme a gritos, para que saliera del baño, porque necesitaba aclarar las cosas conmigo. Pero yo me negué a salir y como él siguió insistiendo, la dueña del salón de belleza, molesta, le pidió que se fuera y me dejara tranquila.

Tan pronto se fue yo salí del baño y le conté a mi amiga que lo había sorprendido con otra muchacha. Ella me dijo que hablara con él porque a lo mejor yo estaba equivocada. Puesto que dudaba que él me estuviera engañando.

Ahora, yo me sentía herida, ciega por los celos y no podía ver ni creer nada de lo que él y las demás personas, me estaban diciendo. Yo lo vi con ella y eso para mí era suficiente prueba para comprobar que me estaba engañando.

Confundida y sin encontrar que hacer, fui hablar con mi tío para pedirle que me sacara el pasaje, porque quería irme a Nueva York esa misma semana si era posible. Le rogué que me lo consiguiera lo antes posible, porque yo necesitaba encontrar a mi madre y aparte de eso ya no quería volver a ver a Julián —que era un falso y un mentiroso.

Mi tío me prometió que me iba a conseguir el pasaje, pero que tenía que dármelo a escondidas. No quería que su esposa, y mucho menos sus hijas lo supieran. Que tenía que mantenerlo en secreto. Acepté las condiciones que me puso mi tío, porque lo que más me interesaba era, salir corriendo de mi pueblo, para no volver a ver a Julián. La única persona que yo creía sincera, que me quería y en la que había depositado toda mi confianza y mi amor; me había engañado.

Ah, pues bien, ahora lo único que me restaba era irme a Nueva York y buscar a mi madre y a mis hermanos con el fin de encontrarlos y encontrar un poco de felicidad a su lado.

Precisamente, mi tío me compró el pasaje para salir de San Juan el día jueves a las 7:40 de la mañana, y llegar a la ciudad de Nueva York antes del mediodía.

Cuando me entregó el boleto, yo me puse feliz y triste a la vez. Feliz porque tenía la esperanza de ver a mi madre después de tantos años y triste porque me alejaba de mi padre, de mis hermanitos, de mi tío bello a quien quería como a un padre, de mis amigos/as y porque dejaba atrás mi primer amor; el jovencito que a mi temprana edad me había conquistado el corazón, pero que al mismo tiempo me lo había destrozado.

Ese día martes, cuando mi tío llegó a la casa a traerme los pasajes, le pedí que me hiciera el favor y me mandara a uno de los empleados de la tienda a buscarme y a llevarme todas mis cosas para su casa, porque quería pasar esos últimos días que me quedaban con ellos y también con mi papá y mis hermanitos. Mi tío me dijo que estaba muy bien y que el mismo iba a venir con uno de los muchachos a buscarme.

Tan pronto se fue mi tío comencé a listé todas mis cosas y con dolor en el alma me despedí de aquella hermosa familia que me había albergado en su casa y a la que le había cogido mucho cariño.

Bueno, cuando Julián fue a la casa a buscarme y le dijeron que ya yo no vivía ahí, él y su hermano empezaron a buscarme por todas partes, pero no me pudieron encontrar debido a que me escondí y no me dejé ver por ninguno de ellos. Pero su hermano gemelo, se enteró del día y de la hora en que yo iba a salir para Nueva York y se presentó por mi casa a esa misma hora, con el fin de convencerme para que no me fuera a Nueva York. Pero desgraciadamente llegó muy tarde, porque ya yo estaba montada en el carro que me iba a llevar al aeropuerto y al verlo venir, le pedí al chofer que arrancara el auto y no se detuviera en ninguna parte, porque yo no quería hablar ni despedirme de nadie.

Entonces él se paró en frente del auto para que se detuviera y el chofer no tuvo otro remedio que detenerse entonces el me pidió que no me fuera porque su hermano estaba sufriendo mucho y quería que me fuera. Pero yo le dije que ya no había vuelta atrás y que le dijera a su hermano que se olvidara de mí. Luego le pedí al chofer que no volviera a detenerse en ningún otro sitio.

Por la carretera hacia el aeropuerto, iba llorando en silencio ya que a mi lado iban otros pasajeros y no quería que me vieran llorar. Mas sin embargo, como no dejaba de secarme las lágrimas y de limpiarme la nariz, una de las pasajeras me dijo: —no te aflijas, ni llores porque te alejas de tu familia ellos siempre van a estar ahí y esperándote. Nunca los vas a perder.

Lo mejor que puedes hacer es mantenerte siempre en contacto con ellos y vas a ver que la ausencia no te va afectar tanto. Además puedes regresar cuando quieras.

<<Indudablemente, la señora tenía toda la razón en decirme esas cosas>>.

La familia sigue ahí al pie de la letra y nunca nos echa a un lado aunque existan problemas he indiferencias pero un noviazgo, un matrimonio fácilmente queda destruido por los celos, porque los celos nos ciegan, nos ofuscan y muchas veces nos llevan a perder a la persona que más amamos en la vida y también nos pueden echar a perder nuestra felicidad.

VEINTE

Llegué a Nueva York loca de contenta. En el aeropuerto me estaba esperando mi amiga con su madre y con sus primos. Llegué a esa hermosa ciudad llena de ilusiones y con la esperanza de encontrar a mi mamá y a mis hermanos. Pensé que todos mis sufrimientos, habían quedado en el pasado, pero desgraciadamente no fue así. Lo único que logré fue caer en la boca del lobo, porque uno de los amigos de la dueña de la casa, donde fui a vivir, se enamoró perdidamente de mí y valiéndose de sus artimañas y de mi inocencia, no descansó hasta lograr sus objetivos. De hecho, que yo en parte le facilité la tarea por mi poca experiencia, mi inmadurez y al encontrarme sola en un lugar desconocido.

El tipo me brindaba su amistad, su ayuda y yo no estaba en condiciones de despreciarlo. No en las circunstancias en que me encontraba.

Quería salir a conocer la Ciudad, pero más que nada encontrar a mi madre y a mi demás familia, para irme a vivir con ellos, y él estaba ahí dispuesto a llevarme a todas partes y cuando yo se lo pidiera. Aunque en verdad yo no le tenía que pedirle que me llevara, porque el mismo se ofrecía a llevarme.

Era un hombre de algunos escasos treinta años de edad, robusto, de mediana estatura, más blanco que el papel, con ojos color miel y cabello rubio oscuro. Aparentaba ser una persona muy educada y distinguida. Trabajaba en Manhattan en una compañía industrial muy conocida y cuando salía del trabajo, venía a buscarme para llevarme a cenar, al parque o a ver una buena película. (De hecho, que el teatro estaba a dos bloques del apartamento donde vivía). Los fines de semana me llevaba a conocer sitios importantes como: a Las Torres gemelas, La Estatua de la Libertad, Radio City y algunos domingos me llevaba a la misa de la iglesia [Catedral] de San Patricio y otros lugares más donde nos divertíamos y la pasábamos muy bien.

Bueno, no era para menos, estaba en la Ciudad de Nueva York, lugar donde quería estar, y al fin lo había logrado. Aunque aún no había encontrado a mi madre, cual era mi objetivo principal.

Ah, pues bien, había encontrado la ayuda incondicional de un supuesto amigo y no estaba en condiciones de rechazarla. Especialmente, para que me ayudara a encontrar a mi madre en una ciudad tan grande y desconocida por mí.

Aparte de todo, se mostraba muy amable y generoso conmigo y poco a poco, fui sintiéndome atraída por él y hasta iba dejando de pensar en el noviecito adorado, que había dejado en Puerto Rico.

Un día mientras viajaba con él en el tren, sentí un gran presentimiento. Me llené de miedo y le pedí a Dios que me librara de él y que no permitiera que me enamorara de él por nada del mundo. Pero por obra del destino ya estaba enamorada.

El siguiente día, él me fue a buscar para irnos a caminar por el parque (que estaba muy cerca de allí). Entonces al llegar al parque, nos sentamos en un banco y él me tomó de las manos y sin bacilar un segundo me dijo que quería casarse conmigo, pero que estaba teniendo ciertos problemas en su casa. Para empezar, su mamá no quería que él se casara conmigo, porque yo no era de su agrado. Además, le había prohibido que me llevara a su casa. Bueno, también me dijo que a su mamá no le importaba que él tuviera novia; sino que no quería que se casara con ninguna. Quizás porque él siempre estaba con ella y era el hijo que más le ayudaba económicamente. Aunque, de todos modos, él nunca iba a dejar de ayudar a su mamá.

De pronto se me enrojeció la cara y se me enchinó la piel, por las cosas que me dijo de su mamá, pero al mismo tiempo me dio gusto escucharle decir esas cosas, por su sinceridad y porque me di cuenta que era un buen hijo y eso para mí era muy importante.

Seguimos dialogando y en una me preguntó si me quería casar con él a escondidas de su familia. Yo no podía creer lo que él me estaba diciendo en esos momentos. Además yo no me pensaba casar tan joven y mucho menos con él, que ni siquiera lo conocía bien.

—¿Que dices mi amor? ¿Por qué te has quedado callada?—me preguntó

—No me he sentido bien... – le pude decir al fin.

—Yo tampoco. Casi no puedo dormir pensando en ti. Te quiero demasiado y ya no puedo vivir si no te tengo junto a mí. Además me he dado cuenta, que no estas a gusto donde vives y por eso también quiero casarme contigo para sacarte de ahí. Solo así vamos a tener nuestro propio hogar, y tanto tú como yo vamos a estar más tranquilos.

Mira amor, yo tengo un dinero ahorrado y si aceptas casarte conmigo, rento un apartamento bastante grande y lo amueblo a tu gusto para que ahí vivamos cómodamente y feliz —me dijo muy entusiasmado.

—Tu propuesta de matrimonio me ha tomado por sorpresa y en este momento no sé qué contestarte –le respondí.

—Está bien amorcito. Piénsalo bien y mañana me das una repuesta.

—Está bien, mañana hablamos más del asunto–le aseguré.

Bueno, casi no dormí en toda la noche, pensando en la propuesta de matrimonio que me había hecho. También pensaba en que mi vida era un desbarajuste. Había venido a vivir a la casa de mi amiga y de sus padres, considerando que ya me había hospedado con ellos en la casa que tenían en Puerto Rico y su mamá se había portado muy bien conmigo. Bueno quizás porque no estaba viviendo arrimada, sino que mi tío le pagaba por dejarme vivir en su casa. Sin embargo, por el momento no estaba aportando con dinero alguno; aunque solamente había recurrido a su ayuda en lo que encontraba a mi mamá para irme a vivir con ella. Bien sabía, que si no encontraba a mi madre, tan poco me podía quedar con ellos y muy pronto iba a tener que abandonar su casa, al no poderle pagar la renta del cuarto donde dormía con su hija.

La señora de la casa, ya había empezado a tratarme con frialdad y su marido me había hecho pasar una vergüenza por haberme hecho un sándwich de jamón y queso.

—Mira niña, no me estés cogiendo el jamón y el queso para hacerte sándwiches. Los tengo ahí para llevar lonche al trabajo. Así que no te los comas —me dijo enojado.

Por otro lado, mi amiga, terminó alejándose de mí, al irse a pasar unas cuantas semanas con su media hermana. La verdad, que ella no quería ir, porque no quería dejarme sola, pero ya era un hecho y tenía que ir aunque no quisiera.

Bueno, al fin de cuentas, llegué a la conclusión que lo mejor que podía hacer era casarme con el joven que me estaba sirviendo de guía.

Por fin completé el rompecabezas, me coloqué bien la almohada y me quedé profundamente dormida. Al día siguiente, cuando mi enamorado me fue a buscar, sin poner excusa alguna me dispuse a salir con él. Esa tarde me llevó a cenar y ahí aprovechando la ocasión me dio la sortija de compromiso. Como ya estaba decidida a lo que había pensado hacer, la acepté sin objeción alguna.

En ese mismo momento volvió a preguntarme si quería ser su esposa y sin pensarlo siquiera, le dije que sí. Dicho esto, me dio un largo y apasionado beso en medio de los allí presentes. Sentí un poco de vergüenza, puesto que no estaba acostumbrada a besarme en público con ningún joven. Mas aquella esperanza matrimonial, también me había dejado inquieta.

—Tomándome de las manos, tiernamente, comenzó diciéndome: —Escúchame con atención a esto que te voy a decir: Mi tía Claudia va a venir por ti mañana. Así es que a eso de las diez de la mañana bajas hasta la esquina del edificio, que ahí va a estar ella esperándote. Ella te va a llevar a comprar tu traje de novia y todo lo demás que vas a necesitar para el casamiento.

¿Pero cómo nos vamos a casar, si todavía no tenemos el apartamento? —le pregunté dudosa.

—No te preocupes por eso, porque nos vamos a quedar con tía Claudia en lo que consigo el apartamento. Es cuestión de semanas —me contestó de inmediato.

¡Maldita maña, y que loquera la mía! —pensé—.

—Entonces que me dices amor ¿vas a ir con mi tía a comprarte el traje de novia?

— ¿Por qué tengo que ir con tu tía? ¿Acaso no me dijiste que nos íbamos a casar en privado? —le pregunté dudosa.

Mi tía es como mi madre. Tengo mucha fe y confianza en ella. Ella nunca me ha fallado. Así es que te puedes ir tranquila con ella y sin temor alguno.

Dicho esto, se retiró dándome un beso.

Y así fue, tal y como me lo había informado. A eso de las diez de la mañana llegué puntualmente a encontrarme con su tía. Allí estaba ella hablando con un anciano mientras aguardaba por mí. Tan pronto me vio llegar, se despidió del señor, y luego me recibió con un beso en el cachete, después nos fuimos caminando hasta la estación del tren en Jackson Avenue. Nos subimos al tren y nos bajamos en la Tercera Avenida. De allí fuimos a una tienda de ropa de novia y me medí unos cuantos trajes para después escoger el mejor que me quedara y el que más me gustara. En efecto, como era talla pequeña, no perdí tiempo alguno en seleccionarlo. Bueno, ahí compramos todo lo que necesitaba y después fuimos a comer y a platicar acerca del día de la boda, que tanto el novio, como ella, ya habían preparado.

Sucede que una ex compañera de escuela y vecina mía de mi pueblo, vino a la ciudad de Nueva York a casarse y me envió una invitación para que asistiera a su boda. Entonces yo la llamé y le dije que precisamente ese mismo día yo también me iba a casar y en la misma iglesia.

Ella sorprendida me dijo– Eso es fantástico. Lo que menos me esperaba, que ambas nos presentáramos el mismo día a casarnos y en la misma iglesia.

Pero en ese momento no pude continuar hablando con ella porque se terminó el vellón que le había metido al teléfono, y se cortó la llamada en medio de la conversación.

El esperado día del casamiento llegó como un relámpago enviado del Cielo.

Me levanté más temprano que de costumbre, me vestí con ropa casual y a eso de las nueve de la mañana cogí mi bolsa de mano y salí de la casa sin decirle a nadie, a donde me dirigía. Me fui de inmediato a encontrarme con una vieja amiga de la familia de mi futuro esposo. En su apartamento había dejado mi ajuar de novia y me estaba esperando para peinarme y ayudarme a vestir para la boda.

Era una señora trigueña, de cabello negro, alta, delgada y de algunos cuarenta y seis años de edad. Vivía con un señor mayor que ella y con un supuesto amigo. Por cierto íntimo amigo de mi futuro esposo.

La señora Estela se mostraba muy amable y muy atenta conmigo. Me trataba con muchísima delicadeza, como si yo fuera una muñeca de porcelana; frágil que se rompe fácilmente. Aun así a veces dudaba de su fidelidad hacia mí. Por unos instantes, me parecía artificial. <<pero me conformaba diciéndome entre sí: – Niña no seas mal pensada, todas las personas no son iguales; hay buenas y malas>>.

Bueno, ese día de excesiva agitación, fue transcurriendo velozmente. Se fue aproximando la hora para salir al casamiento y mi futuro esposo; pero que su tía que supuestamente era la madrina, no se les veía ni la punta del pelo. Tal parecía que se los había tragado la tierra. La señora Estela se veía nerviosa, preocupada sin encontrar que hacer o que decirme. En una arreglándome la cola del traje me dijo: –Bueno, puede ser que ellos están esperando que yo llame un taxi y te lleve.

No creo que yo pueda ir; además no conozco el lugar, más no tengo con quien acudir–le dije preocupada. Entonces el amigo de la señora que no perdía tiempo alguno, en asecharme, aprovechándose de la ocasión, se ofreció a llevarme a la iglesia. Yo me negué rotundamente puesto que no era de mi agrado, ni me inspiraba confianza alguna. Además era estadounidense, y aunque sabía hablar español, me costaba trabajo entender las cosas que me decía. Era un joven atractivo, de algunos veinte años de edad, de tez blanca, alto, delgado, cabello negro. Presumía ser un Elvis Presley <<el Rey del rock and roll>>). Cosa que me disgustaba muchísimo; ya que no me simpatizaba mucho la gente vanidosa.

Pero la hora era crítica y solo tenía dos alternativas; o dejar que él me llevara o quedarme sin casar.

La señora Estela muy contenta y sin poner ningún pretexto aceptó que su amigo me llevara, entonces no me quedó más remedio que permitírselo.

Por desgracia, el automóvil del amigo se descompuso en medio del camino y tardó más de una hora en arreglarlo. Luego continuó hacia a la iglesia, pero... aparentemente no sabía muy bien donde quedaba la iglesia y agarró una ruta más larga y más transitada. Horas más tarde, llegamos a la iglesia y ya estaba cerrada. Ni señal de haber estado abierta.

Yo me quedé paralizada y al mismo tiempo resignada. Quizás no estaba de Dios que me casara y mucho menos con un desconocido.

– "Wow, the church is close! This could be the luckiest day of your life". [¡Guao! La iglesia está cerrada. Este debe ser tu mejor día de suerte] –Me dijo en forma de broma.

<< It's all your fault, you know. [Es toda tu culpa, lo sabes] –le dije molesta.

–Okay, lo siento. Creo que me equivoqué de iglesia –me dijo fingiendo estar arrepentido.

–No. Fíjese usted que no se equivocó, lo que sucede es que la boda era a las siete de la noche y ya son casi las diez. A esta hora ya el padre tiene que estar durmiendo para mañana madrugar a dar la misa.

–No preocuparte, Señorita. Yo no ser muy malo. Voy hacer lo mejor que puedo – añadió preocupado. No fue mi intención. No era fácil llegar a la iglesia, además el auto se me calentó. ¡Quién hubiera dicho! Nadie hubiera imaginado que tal cosa pasaría.

Si claro, esas cosas pasan. Pero nada, ahora regrésame a la casa porque estoy muy cansada y me quiero poner cómoda –le dije fingiendo estar tranquila.

–Por supuesto, sé que estas mal y deseo de veras ayudarte–me dijo con gesto piadoso. (Al menos eso fue lo que entendí que me dijo)

En esos momentos me sentía confundida, sin encontrar una explicación que darle a mi novio. Que habrá pensado y que estaría diciendo al ver que no llegué a la iglesia. Que sería lo que sucedió con su tía, que nunca llegó a buscarme a la casa de su amiga Estela; tal y como me lo había prometido.

El joven manejaba sin prisa alguna, y eso me ponía los pelos de punta. Pero eso no fue todo, el vehículo se le volvió a calentar y esta vez tuvo que dejarlo abandonado en una estación de gasolina. Entonces a esa hora nos subimos a un tren, para ir a la casa, pero… aparentemente, nos subimos en un tren equivocado y nos condujo por otra ruta. Bueno, la cosa fue que me mantuvo corriendo (vestida de novia; menos mal que casi no habían pasajeros). Entonces mirando su reloj de muñeca me dijo: "Es muy tarde para llevarte a la casa, y lo más seguro es que no te abran la puerta por haber llegado a esta hora. Además si tu novio está ahí esperándote va a pensar que no llegaste a casarte porque estabas divirtiéndote conmigo". (Eso fue lo que entendí que me dijo).

Mi corazón se aceleró terriblemente cuando lo escuché decirme esas cosas. Pensé en el carácter fuerte y en lo extrita que era la señora con quien vivía, y en la reacción que podría tener mi novio al verme llegar con su mejor amigo. Un miedo espantoso se apoderó de mí en esos momentos.

El me miró maliciosamente a los ojos y me dijo: —no preocuparte Señorita, porque yo tengo las llaves del departamento de mi mamá y nos podemos quedar allá hasta mañana. Y ya mañana te llevo a tu casa y hablo con mi amigo Raymond y con la señora, y le explico lo sucedido. Estoy seguro de que ellos van a entender lo que nos pasó y no van a decirte nada. Así es que no te atormentes ni te preocupes, porque la culpa es mía y no tuya. Además yo no te voy a dejar sola en este asunto —me aseguró.

Lo miré indignada, pensando que por su culpa me había buscado todos esos problemas y encima de eso, no sabía qué hacer ni adonde ir a esa hora de la madrugada. En fin no me quedó otra alternativa que aceptar quedarme con él en el departamento de su mamá.

Llegamos al departamento, y encontré extraño que su mamá no estuviera ahí. Curiosamente le pregunté a donde estaba su mamá.

Es extraño que no esté aquí.

A lo mejor fue a visitar a mi hermana y se quedó halla a pasar la noche con ella —me respondió.

Mira, ahí está ese cuarto, y como solo hay una cama, tú duermes en ella, que yo me acuesto en el sofá. Además para lo que queda de noche, en cualquier lugar se pasa —dijo mientras se dirigía a la cocina.

Cuando ya estaba lista para irme al cuarto, me detuvo para que me sentara en la mesa con él a tomarnos un vaso de jugo. Yo le dije que muchas gracias, pero que yo no quería tomar nada. Entonces insistió diciéndome que me tomara el jugo, ya que hacían varias horas que no comía ni tomaba nada y me podía enfermar. Entonces le dije que estaba bien. Que me tomaba el vaso de jugo.

En ese momento se abrió la puerta y vi entrar a mi novio, con un sixpack de cerveza en la mano. Se dirigió a la cocina, puso el paquete de cervezas en la mesa, le dio una cerveza a su amigo, cogió otra para él y puso las otras en el refrigerador. Después se sentó a mi lado diciéndome:

—El día de hoy ha sido una horrible pesadilla, pero nada ya estamos despertando de ella. Bueno, supe que se descompuso el auto y que no pudiste llegar a tiempo a la iglesia. Así que no te aflijas por eso, ni me des ninguna explicación. Lo que más importa ahora es que estamos aquí juntos.

Cuando yo vi a ese hombre entrando por la puerta como Pedro por su casa, sentí que el techo del apartamento se me venía encima, no podía creer lo que mis ojos estaban viendo ni lo que el tipo me estaba diciendo. Además estaba tan borracho que apenas se le entendía lo que decía.

—Anda mi amor, tomate este jugo, para que te vayas a descansar—me dijo poniéndome el vaso en la mano.

Ahora bien, cuando fui a tomarme el jugo, su amigo casi me arranca el vaso de la mano— disque— para ponerle hielo, porque según él, ya estaba caliente, cosa que me estuvo raro, porque ya yo había tomado del y aún estaba frío.

—No sé qué tenía el jugo, pero tan pronto me lo tomé comencé a ver todo borroso y a sentir muchísimo sueño. <<Me siento rara y esto no me gusta nada pensé>> Y, antes de que me fuera a caer en el piso desplomada, me fui al cuarto a dormir. Me dejé caer sobre la cama y de ahí no supe nada más.

Al otro día me desperté casi a media mañana, sintiéndome aturdida y sin fuerzas para levantarme de la cama. Observé todo a mi alrededor y me di cuenta que estaba en un cuarto extraño y con ropa de hombre colgada detrás de la puerta y encima de una butaca. Sentí un retortijón en el estómago y comencé a temblar de miedo al encontrarme en la habitación de un caballero y que además de eso, aún tenía puesto mi traje de novia. Luego, vagamente fui recordando cómo había llegado a ese lugar.

Me incorporé. La cabeza me daba vueltas y así como pude me bajé de la cama lentamente. Me quite el traje y le despegué la parte baja de la falda, que estaba cogida con broches y la dejé sobre la cama junto con el mi velo blanco. Ahora el traje parecía un traje blanco común y corriente. Me lo puse lo más rápido que pude, cogí mis zapatos y sin ponérmelos salí del cuarto sin hacer el menor ruido. Como el apartamento era demasiado pequeño, no tardé en darme cuenta de que estaba sola. Entonces, sin mirar atrás salí casi corriendo de ese lugar. Cuando iba saliendo del edificio vi a mi acompañante (el amigo) que estaba de espaldas al otro lado de la calle, hablando con un señor al otro lado de la calle. Caminé lo más rápido que pude y agachándome detrás de los carros para que no me fuera a ver. Así seguí caminando calle abajo hasta desaparecer de aquel lugar para que no me pudiera encontrar jamás.

Después de haber caminado por más de media hora me detuve para ver si el señor no me estaba siguiendo y buscar un restaurante, para comprarme un refresco con el pretexto de que me dejaran usar el baño.

La vejiga me dolía demasiado y ya no podía aguantar más los deseos de lavarme la cara, la boca y de usar el baño. La verdad que me daba vergüenza entrar con aquel traje largo; aunque era domingo y el traje largo estaba de moda y era adecuado para ir a la iglesia y a cualquier evento social.

Recibí un gran alivio, al lavarme la cara y la boca pero también me llevé un gran susto, al sentir un fuerte ardor al orinar y al ver que mi ropa interior y mi traje, estaba manchado con sangre. Me lo quité y allí mismo le saqué las manchas con el jabón de lavarse las manos.

Las piernas me temblaban, y casi no podía caminar para salir del baño. De pronto quise gritar pero me armé de valor, respiré profundamente unas cuantas veces, y salí de allí como si nada me hubiese pasado; a pesar de que me sentía molesta, furiosa y odiando con todas mis fuerzas, al hombre que me había violado. Después de todo, yo había tenido la culpa por haber confiado en él y aceptar su amistad y dejarme acompañar por un hombre que hacía muy poco había conocido. Bueno, a pesar de todo, el odio y la rabia, que estaba sintiendo en ese momento, me confundía. Se me hacía difícil creer que existiera gente con tanta maldad. Capaces de tal monstruosidad. Pensaba miles y miles de cosas en un momento y me preguntaba– ¿Por qué fue capaz de abusar de mí? ¿Acaso fue el o fue su amigo gringo?

Inclusive hasta llegué a pensar que había sido su amigo el que me había violado y no él, porque con la borrachera que tenía, apenas podía caminar derecho y hablar bien.

Pero desgraciadamente estaba drogada y no recordaba nada, ni había forma alguna de comprobarlo en ese momento. Aparte de eso, estaba viviendo una horrible pesadilla, y no quería saber de nadie, ni siquiera de mi persona; que en ese mismo momento me despreciaba a mí misma.

VEINTIUNO

ME SENTIA HERIDA Y DESAMPARADA en una enorme ciudad sin saber adónde ir a refugiarme y sin dinero alguno para comprarme un pan y una taza de café.

Es entonces cuando más se me complican las cosas y vuelvo de nuevo a buscar a donde ir. En un laberinto. El cielo se me volvió a oscurecer. Caminé sin rumbo por varias horas. Veía la enorme ciudad como si se me viniera encima, con miedo, con desprecio, aquellas personas que tal parecían muertos que habían salido de la tumba. Caminaban de un lugar a otro como si no se dieran cuenta de las demás personas que se encontraban a su alrededor, o en la calle. No saludaban ni se reían con nadie. Si le hacía alguna pregunta me respondían: –No Spanish o –no hable español y si no contestaban –No Capi che y seguían caminando como si no hubiesen visto a nadie. No se parecían a mi gente alegre y cariñosa que yo había dejado en la isla.

Me sentí sola, cansada, angustiada, arrepentida hasta de haber nacido. Comencé de nuevo a dudar de todas las personas. Hasta de mi propia existencia. Creí que Dios y la Virgen me habían abandonado o que yo no existía para ellos. ¿En quién más podía yo confiar? Me preguntaba una y mil veces, si todos me habían fallado. Inclusive mis propios familiares.

Sentí rencor, odio, me dio muchísimo coraje, me puse rebelde y sentí asco por encontrarme violada por un hombre a quien no amaba y por ver mi sueño de casarme deshecho. Pensé en la vengarme de todos los que me habían engañado, pero luego me conformé pidiéndole a Dios que me consolara y me diera fuerzas para soportar el dolor que estaba sintiendo en esos momentos. Fue así como pude volver a la realidad y darme cuenta que no había tal casamiento que todo había sido una falsa. El hombre que me había jurado y prometido tanto amor y tantas cosas bonitas me había puesto en manos de personas no gratas para que se burlaran de mí y me hicieran daño. Al menos eso fue lo que pensé.

Ah, pues bien, ahora ya no hay otro remedio, ni nada que pudiera hacer para solucionar o evitar lo que me había sucedido. Sino seguir luchando contra todos los obstáculos y las adversidades que me había deparado el destino.

Resignada quise seguir buscando a mi madre y a mis hermanos, pero... a donde los iba a encontrar. En una ciudad tan grande y tan desconocida para mí. Además me sentía sucia, manchada y pensé que ya no valía la pena encontrarlos; que ya no era digna de su amor ni de su confianza.

Sentía miedo enfrentarme con mis hermanos mayores, que tanto me habían cuidado y protegido cuando apenas era una niña. Recordaba cuando me decían que tenía que huir de los extraños, porque me podían hacer daño.

Recordé cuando uno de mis hermanos, le causó una herida en un brazo a un amigo suyo, cuando le dijeron que me había tratado de besar a la fuerza.

Pensando en eso, descarté la posibilidad de ir a buscarlos; aunque ni siquiera sabía a donde los iba a encontrar.

Sin saber qué hacer, ni a donde ir, seguí caminando sin rumbo alguno por aquellas calles y avenidas. Lo único que se me ocurría era alejarme de aquel lugar donde estaba el violador. No quería que me encontrara, ni volver a verlo en toda mi vida. Cada vez que me acordaba de lo que me había hecho, sentía más fuerzas y más ánimos para seguir caminando por aquellas calles y avenidas; llenas de personas que caminaban en direcciones opuestas.

El ruido de los carros, los autobuses y el de los trenes, me parecían cada vez más fuertes y más escandalosos. Cada vez que pasaban o que llegaban a la estación, hacían temblar los rieles tan fuertemente que casi me ensordecían. Los anuncios de las tiendas, las escaleras de la salida de escape de los edificios y los postes del tendido eléctrico de las calles y avenidas, también me alarmaban un poco, pero también admiraba ver tanta gente salir y entrar en el tren con tanta prisa.

Pensé en subirme a uno de ellos, pero me dio miedo que me fuera a llevar muy lejos de allí y me fuera a suceder otra desgracia más; peor aún de la que ya me había ocurrido.

Sentí sed y un fuerte cansancio. Los pies me dolían y ya me estaban empezando los síntomas de la migraña. Tenía que tomarme una pastilla y comer algo antes de que me atacara.

Los ojos me ardían de tanto mirar de un lado a otro.

Me detuve por un segundo para quitar una basurita, que se me había metido dentro de un zapato y cuando ya estaba lista para seguir caminando veo un letrero que decía así: "La Bodega Don Pepe-"

Tan pronto lo vi sentí que el corazón se me quería salir del pecho, al encontrarme con una Bodega Hispana en ese lugar.

Inmediatamente entré en ella y me recibió un señor de avanzada edad, preguntándome que se me ofrecía. Le pedí un jugo de pera y un bizcochito. Cuando se lo fui a pagar se me acercó una señora muy elegante y cariñosamente me preguntó:

-¿Eres Puertorriqueña verdad?

Si Señora, le respondí muy entusiasmada al ver que por fin había encontrado a alguien que se interesara en mí y que hablara español.

–Parece que has caminado mucho. Estás empapada de tanto sudor y además te noto muy cansada. – ¿Vives cerca de aquí?

No señora. Estoy perdida y no sé adónde estoy ni adónde ir en este momento.

Cuando le estaba dando esta información, el dueño de la Bodega comenzó a toser fuertemente y en repetidas veces, como tratando de llamar mi atención o de advertirme de algo.

Estaba demasiado interesada, en el dialogo con la señora que no me pude percatar de lo que me quería comunicar el señor.

Traté de ignorarlo, pero presentí que me quería prevenir de algo y a pesar de todo seguí hablando con la desconocida. Después de todo, necesitaba encontrar un lugar para poder pasar la noche, o por lo menos hasta que me pudiera comunicar con mi tío o con mi padre en Puerto Rico, para que me mandara el pasaje y regresarme a la isla.

Definitivamente, tenía que conseguir un sitio donde quedarme porque ya no podía ni quería regresar a vivir a la casa de mi amiga y mucho menos encontrarme con el hombre que me había engañado.

Seguí la conversación con la desconocida que supuestamente, se había interesado en socorrerme.

La señora poniendo su brazo derecho sobre mi hombro, me preguntó:
– ¿Tienes la dirección de tu casa?

–No señora, ahora no la tengo. Le contesté y entonces la señora se me fue acercando aún más y con voz muy baja me dijo bien cerca al oído (quizás para evitar que don Pepe fuera a escuchar lo que ella me iba a decir).

–Ven conmigo a mi casa que yo te voy a ayudar a encontrar a tu familia.

Cuando me dispuse a salir por la puerta detrás de la señora, el dueño de la Bodega tosió fuertemente como tratando nuevamente de llamarme la atención.

Inmediatamente me di cuenta de que el señor quería decirme que me cuidara de la desconocida y agradeciendo su buena intención me despedí de él dándole las gracias. El me despidió muy complacido diciéndome: cuídate mucha nena y si necesitas algo aquí estoy para lo que se te ofrezca.

–Gracias, muchas gracias. Es Usted muy amable. Entonces salí de allí más contenta que nunca, porque pensé que había encontrado a un buen amigo y que por el momento también había encontrado un techo donde pasar la noche.

Por suerte que el edificio donde vivía la señora solo quedaba a medio bloque de la Bodega de don José y podía regresar a verlo cuantas veces quisiera.

Grande fue mi sorpresa cuando entré por la puerta de la vivienda de la señora y vi a una niña de algunos diez años con el Síndrome de Down medio desnuda, arrastrándose por el piso. Tenía su pechito empapado de baba y al verme llegar se me acercó y me agarró por una pierna; al tiempo en que trataba de decirme algo.

La pobrecita niña no podía caminar, y como siempre se la pasaba sentada en el piso y arrastrándose de un lado a otro, tenía sus manos, las piernas y sus nalguitas llenas de juanetes. Al verla en esas condiciones, claramente se me vino a la mente mi primito que había dejado en la isla. La verdad que me puse muy triste al recordarlo y al ver a la niña tan mal y tan indefensa. Al mismo tiempo pensé que la señora me había llevado a su casa, con el propósito de que le sirviera de niñera y no tanto para ayudarme a conseguir a mi familia; después de todo eso me motivaba aún más para quedarme en su casa; ya que de esa manera podía pagarle por los favores que ella me estaba haciendo.

Aquella niña me tocó el corazón y al mismo tiempo me hizo reflexionar acerca de mis sentimientos, de arrepentimiento y de inferioridad que de vez en cuando se apoderaba de mi mente, haciéndome sentir peor que los demás.

Ese lugar que por dicha del destino, había encontrado, me devolvió el alma al cuerpo y en ese mismo instante pensé que había encontrado un nuevo hogar, con una composición familiar apropiada para una desamparada como lo era yo.

La señora tratando de ganarse mi confianza me dijo:

– ¡Ah, que loca soy! Se me había olvidado decirte cual es mi nombre.

–Me llamo Matilde. Y,' tu nena, ¿cómo es que te llamas?

Me llamo Lucecita –le contesté.

– ¿Cuántos años tienes mi reina? —me preguntó mirándome de arriba abajo.

Voy a cumplir 15 años —le dije un poco insegura.

—Eres toda una señorita y por suerte no eres fea.

En ese instante sentí que el techo del apartamento se me venía encima. Sentí un fuerte golpe en mi corazón y un calor sofocante en mi cara y en todo mi cuerpo. La señora se dio cuenta de que yo estaba nerviosa y molesta por sus interrogaciones, y tomándome de una mano me condujo a mostrarme las habitaciones del apartamento. Me mostró su cuarto, el de la niña y el que yo iba a dormir. El otro cuarto que tenía el apartamento, no me lo pudo enseñar porque era de uno de sus hermanos y no tenía la llave para mostrármelo —me dijo. Después me llevó a su cuarto y me consiguió una ropita de ella y una toalla para que yo me diera un baño y me la pusiera.

—Mira linda, tienes suerte, porque creo que mi ropa te sirve.

—Ahora mismo te voy a buscar un vestidito para que te des un buen baño y te lo pongas.

—En lo que te bañas voy a ir preparando algo para cenar.

—Estoy segura de que no has probado un bocado de comida en todo el día.

Casi no he comido, pero no se preocupe por eso, porque en verdad que no tengo deseos de comer nada. Si puede me da una taza de café que es lo único que se me antoja tomar.

—Ahora mismo te la sirvo. —A mí el café nunca me puede faltar y siempre tengo mi termito lleno de café con leche.

Me iba diciendo mientras que agarraba el termo que tenía sobre una mesita.

—Ahora bebe café. Pero; sweetheart, también tienes que comer algo más; sino te vas a enfermar.

—Está bien. Voy a tratar de comer algo; después de todo yo no soy de mucho comer. -Le dije y sin decir otra palabra me fui al cuarto de baño. Estaba desesperada por hacerlo y de botar toda la ropa que traía puesta encima que me estaba causando tanto asco. Después del baño sentí un gran alivio y le di gracias a Dios por haberme amparado en ese momento de mi desesperación. Me puse la ropita que me había conseguido Matilde y por suerte que me quedo como si hubiera sido mía. Vacilé un poco en salir del baño, porque la verdad del caso que me sentía incomoda con aquella ropa ajena y sobre todo de una desconocida. Me daba vergüenza que me vieran con ella puesta. Como estuve mucho tiempo sin salir, Matilde presintiendo lo que me estaba pasando, se acercó a la puerta del baño preguntándome:

¿Ya acabaste? -¿Te sirvió la ropa? –Si me quedó bien. Le respondí al tiempo en que me disponía a salir del baño. Pues ya no me quedaba otro remedio que dar la cara.

¡Vaya, que bien! Te quedó muy bien. Anda nena, ya no te sientas triste. Vas a ver que aquí vas a estar muy bien. –me dijo—

–Muchas Gracias señora. Si no hubiera sido por usted todavía estuviera vagando por las calles. – le dije-

Eso sí que no. Tú eres todavía una niña para andar sola por ahí. Esta ciudad es muy grande y además es muy complicada y peligrosa.

–De eso ya no me cabe la menor duda. Créame que estoy mil veces arrepentida de haberme venido para acá. Le dije con mi voz un poco apagada por el nudo que tenía atravesado en mi garganta. Sentía deseos de llorar pero ya mis lágrimas se negaban a salir.

Matilde me había servido una sopa de pollo, pero no pude ni siquiera probarlas. La migraña se había apoderado más fuerte de mí. Me sentía sin fuerzas, con nauseas.

Matilde seguía insistiendo para que comiera, pero le dije que tenía una fuerte migraña y no podía comer nada.

–¡Ay, muchacha! Te compadezco. De veras que te compadezco. Según tengo entendido es un dolor de cabeza horrible. –Ahora mismo te voy a preparar un necesito para que te lo tomes con una pastilla que te voy a ir a buscar. Te la tomas con el té y te vas a dormir. Te aseguro que vas a quedar dormida en menos de lo que canta un gallo –me dijo muy entusiasmada mientras me preparaba el té.

Me dio curiosidad por saber el contenido del té y de saber que pastilla me iba a dar, pero el dolor de cabeza era tan severo, que lo único que se me antojaba, era dormir y dormir para no sentir más dolor y mucho menos acordarme de los terribles momentos que había vivido.

Me tomé el té que me preparó Matilde y luego la seguí hasta el cuarto que ella ya había arreglado para mí. Tan pronto como vi la cama sin vacilar un solo instante, me dejé caer sobre ella. Matilde arreglándome la almohada bajo mi cabeza, me dijo: -Acuéstate tranquila. –Si me necesitas no tengas miedo en llamarme.

Al parecer la pastilla y el té que me dio a tomar Matilde, fue un calmante bastante fuerte y muy efectivo, porque me quedé profundamente dormida después de habérmelo tomado. Me desperté a media noche sin el dolor de cabeza. Y eso que me desperté al sentir unas manos suaves que se deslizaban sobre mi cabello y por el sonido retumbante, de la música del Gran Combo.

Efectivamente, las manos suaves eran las del joven de la casa El hermano de Matilde. Era un joven guapísimo; de algunos veinte años de edad, era de tez blanca, tenía el cabello color café, largo peinado hacia tras ("parecido a Jesús").

La música servía de fondo y disminuía las conversaciones de los clientes de Matilde y sus empleadas.

No tengo palabras para expresar lo que sentí esa noche, cuando me desperté y vi al joven pasándome sus manos por mi cabeza. Bueno, lo primero que hice fue levantarme de la cama y buscar la puerta para salir corriendo, pero el joven me detuvo diciéndome: –Quédate quieta, tranquila. No estoy aquí para hacerte daño. Estaba pasando por el pasillo y te escuché gritar, entonces pensé que alguien te estaba haciendo daño y entré al cuarto a ver que te estaba pasando, pero enseguida me di cuenta que estabas teniendo una pesadilla y quise despertarte.

Ahora, perdóname por entrar al cuarto y siéntate en la cama que yo he venido a socorrerte y creo que este es el mejor momento y quisiera aprovecharlo para hablarte de ciertas cosas, que sé que cuando te las diga, me lo vas a agradecer. Mira, Matilde me dijo que te había encontrado en la calle deshecha y perdida y que te había traído a la casa para que no fueras a dormir en la calle y para que más tarde entraras en su negocio.

Bueno, francamente te digo que mi hermana no es una persona en la que tú puedes confiar. Ella te trajo más para que yo me envolviera contigo. No sé si me explico bien y si tú me entiendes. Pero el caso es, que yo no soy un canalla y no me gusta engañar ni abusar de las mujeres y menos de una jovencita como tú.

El joven encendió la luz, se sentó en la cama y besando una cruz que traía colgada a su cuello, me dijo: ven siéntate a mi lado y te juro por esta Santa Cruz, que no te voy a tocar ni hacerte daño alguno.

<<Lo miré fijamente a los ojos y me di cuenta que me hablaba con sinceridad, entonces preocupada por lo que me había dicho, me senté a su lado para escuchar bien que más tenía que decirme>>.

Mira, escúchame con atención. Mañana en la tarde después que salga de trabajar, te voy a sacar de esta casa y te voy a llevar a un lugar donde nadie pueda hacerte daño. Aquí no debes quedarte. Mi hermana no tiene buenas intenciones para ti. Ella te ha engañado. Bueno, hay algo más que debes saber pero eso te lo digo mañana. Ahora acuéstate a dormir y cierra la puerta con llave para que nadie pueda entrar a molestarte —me dijo y después salió del cuarto tratando de que nadie lo viera salir.

Cuando me desperté por la mañana, noté que estaba en un lugar extraño. Vacilé por unos cuantos minutos mirando hacia el techo.

De pronto me senté en la cama y luego me puse a recorrer con la vista, toda la habitación, entonces pude ver que la ventana que daba a la calle, estaba entreabierta. Inmediatamente sentí una gran curiosidad por asomarme a la ventana para poder ver lo que estaba pasando en la calle, a esa hora de la mañana y al mismo tiempo ubicar bien el lugar a donde me estaba quedando.

La calle me pareció más amplia, más agradable y bonita que el día anterior, en que había caminado por ella, perdida y sin saber a dónde ir. Me detuve por un buen rato, mirando la gente caminar de un lado a otro, los carros, los trenes que no cesaban de pasar tan escandalosamente, el aire fresco que se escurría por las orillas de la ventana, penetraba por mis cabidas nasales y al entrar en mis pulmones, volví a sentir que una vez más, había recibido un nuevo soplo de vida.

De pronto escuché una puerta que se abrió y que se cerró al mismo tiempo. Sin poder detener mi curiosidad corrí a ver quién llegaba o quien se había ido., pero no alcancé a ver a nadie. Toda la casa estaba en silencio. Luego volví a sentir otro ruido y pude comprobar que no era en el departamento que yo estaba; sino el del lado.

Regresé a la cama y me senté a pensar en las cosas que me había dicho el joven y en las que me habían pasado. Me llevé ambas manos a la frente y bajando mi cabeza, me dije: *Basta ya Dios mío* de malos recuerdos, y de pensar en cosas pasadas que me amargan mi existencia. *Basta de* volver a soportar los abusos de personas no gratas. De ahora en adelante no le voy a permitir a nadie que me hiera o que se burle de mí. *Nunca más.*

De pronto sentí que la puerta del frente se abrió. Me bajé de la cama y caminando en la puntita de los pies, me salí del cuarto para ver quien salía o entraba. Ciertamente; era Matilde que salía por ella. Sentí temor al pensar que me había quedado sola. Me levanté rápidamente y fui a ver si se había ido y si se había llevado a la niña.

Cuando fui al cuarto de la niña, y vi que la niña no estaba allí. Me sentí muy mal y muy confundida, al saber que me había quedado sola en aquel lugar extraño. Regresé al cuarto que había dormido y sin perder tiempo alguno agarré mi ropa lo más pronto que pude, y me dirigí al cuarto de baño, y luego me cepillé los dientes con un cepillito que encontré sobre el lavamanos.

El cepillo todavía estaba en su envoltura nueva. Pues pensé que había sido puesto allí para mí, y lo usé. Me metí en la ducha y me bañé ligeramente. Cuando salí del baño me fui directamente a la sala y allí me encontré con un viejo que estaba sentado en el sofá. Se me acercó dulcemente y enseguida me preguntó:

– ¿Dormites bien?

–Sí, gracias le respondí.

¿Hace tiempo que estas aquí? – me preguntó.

Sorprendida y un poco asustada le respondí, que había sido llevada allí por Matilde, y que ella me había encontrado en la bodega de don Pepe y me había llevado a su casa, porque yo no tenía a donde ir. Hace poco tiempo que vine de Puerto Rico en busca de mi madre. Pero… todavía no la he podido encontrar, y ni siquiera tengo su dirección.

–Ah, sí. ¿Y desde cuando estás aquí? –me preguntó nuevamente el señor.

Desde ayer. Casi al oscurecer –le respondí.

¿Cómo te llamas y cuántos años tienes? – El viejo me seguía interrogando, con un tono curioso y a la vez malicioso, haciéndome sentir insegura ante su presencia.

Me llamo Lucecita y tengo 15 años.

¡Jesús mil veces! eres a penas una niña. –Me dijo mientras se ponía de pies.

Disimulé un poco los nervios y amistosamente me tomé el atrevimiento de preguntarle por su nombre y que relación le unía a Matilde. Luego le pregunté que si tenía alguna idea, de a donde había ido la señora de la casa.

El viejo notó que yo estaba muy nerviosa y amablemente se me acercó diciendo:

–Mira niña, yo me llamo Roberto, pero tú me puedes decir Beto. Yo soy un amigo de Matilde, y vengo de vez en cuando a verla y a traerle sus cositas.

–Entonces… ¿Usted estaba aquí cuando ella se fue a la calle? –volví a preguntarle—

–Claro que sí. Ella salió a llevar la niña a la casa de su mamá, para que se la cuide. Pero ya mismo regresa. –me respondió.

Bueno, Ahora que ella no está aquí, quiero ponerte sobre aviso. Es más; quiero darte un buen consejo. Me he dado cuenta, de que tú eres una muchachita muy buena y humilde. Soy un viejo y no tengo que haberte conocido antes, para no darme cuenta de la clase de niña que eres. Y, de una buena vez te digo que tienes que abandonar esta casa, lo antes posible. Tienes que irte ahora mismo antes de que llegue Matilde. Tú eres todavía una niña y no debes permanecer aquí ni un minuto más.

Don Roberto se sentó de nuevo en el sofá, y de pronto volvió y se puso de pie y se paró enfrente de mi al tiempo en que se quitaba el sombro. Vacilo un poco de un lado a otro, y luego volvió a mi lado y comenzó diciéndome:

—Mira nena; yo no te quiero asustar, ni tampoco empañarte el día, pero te aconsejo que te vayas de aquí. Me he dado cuenta, de que eres una buena muchacha y este lugar creo que no es muy apropiado para una jovencita como tú. Este no es un hogar decente.

En este apartamento se practica la prostitución y no creo que tu estas aquí con ese fin. Sino que esta mujer se ha aprovechado de tu situación y te ha engañado. Yo no debí decírtelo, porque la que te está engañando es mi amiga, pero me has caído muy bien y me da pena que aun siendo tan niña caigas en las manos de esta mujer perversa y abusadora.

No había terminado bien el viejo de hablar cuando ya todo mi cuerpo había comenzado a temblar, Sentí que el piso se movía y que iba a desmayarme. El buen señor se dio cuenta por lo que yo estaba sintiendo y poniéndome las manos sobre mi hombro me dijo:

<<No tengas miedo ni te preocupes por lo que te he dicho, yo te voy a buscar un hogar seguro para que puedas quedarte en lo que consigues a tu familia.

El señor me inspiró confianza y sentí que me estaba hablando con sinceridad y con ternura. Con esa ternura que le habla un padre a una hija. De cierto modo, me recordaba a mi queridísimo tío.

Inmediatamente pensé en que las cosas que me había dicho el hermano de Matilde eran ciertas y también pensé en que él también me iba ayudar a buscar otro sitio donde vivir.

Pero de todos modos, no podía confiar en él ni en ninguna otra persona que se me atravesara en el camino. A todos los consideraba una bola de mentirosos y de hipócritas, que siempre me veían como a una víctima de la que podían sacar provecho y abusar.

—Bueno, si usted cree que es lo mejor que debo hacer, vámonos ahora mismo antes de que llegue Matilde —Le respondí aterrada por las cosas que me había dicho.

Inmediatamente salimos de aquel lugar más "ligero que rápido". Cuando llegamos a la calle caminamos medio bloque y allí casi en frente de la bodega de don Pepe, estaba su carro estacionado. Era un carro Impala color blanco.

Don Roberto, tratando de demostrarme, que era todo un caballero, procedió a abrirme la puerta del carro para que yo me subiera.

A pesar de que el señor don Roberto me inspiraba confianza, sentí un poquito de miedo y sentí deseos de bajarme del carro, pero luego pensé que no tenía adonde ir y que era menester correr el riesgo en lo que salía de la casa de Matilde.

—Entonces me dispuse a estudiar sigilosamente las palabras y el comportamiento de don Roberto y a mantenerme siempre alerta de cualquier movimiento o acción indebida que dijera o tramara en contra de mi persona. Después de todo no me podía ir peor de lo que ya me había ido, Aparte de que en las condiciones en que me encontraba, sin un lugar a donde ir, no podía de ninguna manera despreciar la ayuda que me estaba ofreciendo el señor Roberto.

—Anda nena, cuéntame, ¿cómo fue que fuiste a dar a la casa de Matilde?

<<Es una larga historia, y no creo que así sin conocerlo bien tenga la confianza de contársela. Además las cosas que me han ocurrido, me han ocasionado mucho daño y no quiero mencionarlas ni recordarlas>>.

—Está bien, muchachita. Si no quieres relatármela, no te preocupes. Yo te entiendo y te doy toda la razón. Las cosas malas que nos han pasado no se deben mencionar ni recordar, porque nos deprimen y nos hacen sufrir.

—Ahora nena, hiciste bien en hacerme caso y salirte de la casa de mi amiga a tiempo. Sinceramente te digo que ese lugar no es para ti.

<<Ya me pasó lo peor. Ahora que más me puede pasar>> -Así pensé>>.

Entonces mirando a los ojos del don le dije: Pero...dígame usted, que iba yo hacer. Necesitaba un techo para poder pasar la noche y Matilde me lo había ofrecido. Además ella me había brindado su confianza y su cariño. Creí que Dios me había socorrido al encontrarla en mi camino. —le dije sorprendida.

—Lógicamente, A veces uno se mete en "la boca del lobo" sin darse cuenta – Me dijo.

Después de más de media hora de estar conduciendo de una calle a otra, don Roberto se detuvo en frente de un coffee shop [cafetería] y me pidió que lo acompañara a desayunar.

Yo no había tomado ni comido nada, pero tampoco tenía hambre alguna, mas sin embargo acepté su petición con el propósito de emplear más tiempo para conocerlo mejor; O, al menos averiguar más de las intenciones que tenía conmigo.

Don Roberto se bajó del auto y cortésmente, me abrió la puerta y me extendió la mano para ayudarme a bajar del carro. Luego sosteniéndome por la cintura, me dirigió hasta la cafetería.

Yo sentía que su mano me estorbaba, que me quemaba la piel. Sentí deseos de empujarlo a un lado y quitarle la mano de mi cintura, pero ignore lo que estaba sintiendo y caminé enfrente del disimulando mi incomodidad.

Por mi mente pasaban muchas cosas; pero más que nada pensé que el don había empezado a tomarse confianza conmigo. Que estaba aprovechándose de mi situación y de mi inocencia.

Entramos en la cafetería. El ordeno un revoltillo de huevos y un café con leche y luego me pregunto que yo quería ordenar, y le dije que solo quería un café con leche. Entonces me dijo que necesitaba comer algo porque si no me iba a enfermar. Aunque no se me antojaba comer nada le dije que me ordenara un club sándwich [emparedado].

Mientras esperábamos a que nos sirvieran la comida, le hice unas cuantas preguntas. Le pregunté que si tenía familia en Nueva York y me respondió que solamente tenía a una sobrina. Y que no tenía mucha familia, puesto que nunca se había casado. Que toda su demás familia vivía en Puerto Rico.

Cuando me dijo que nunca se había casado sentí curiosidad de saber porque a su edad aun estuviera soltero, pero no me atreví a preguntárselo. Había algo en su mirada que me hacía dudar de su honestidad para conmigo. Sentí que me estaba engañando y que sus intenciones hacia mí no eran muy buenas; Entonces mentalmente, comencé a organizar un plan para huir de su lado.

Era lunes, y la cafetería estaba llena de personas que trabajaban en el área, e iban ahí a desayunar.

La orden del desayuno, que habíamos ordenado, tardaba demasiado y yo allí sentada con aquel extraño, sin saber exactamente, que iba a ser de mí, cuando saliera de allí. Adonde me ira a llevar este señor; pensaba una y mil veces.

El mesero vino con mi club sándwich, las dos tazas de café y el revoltillo de huevos, que había ordenado don Roberto. Aunque no tenía apetito alguno, me comí el sándwich [emparedado porque sabía que me esperaba un largo día y que tenía que alimentarme para ganar fuerzas y también porque en verdad no sabía si iba a poder volver a encontrar algo más que comer el resto del día.

Cuando don Roberto terminó de comer se puse de pies y me dijo: —aguárdame aquí un momentito en lo que voy al baño, y si tienes que usar el baño; aprovecha y ve ahora, que el camino es largo.

Cuando él me dijo eso mi semblante cambio y sentí que mi corazón se me quería salir del pecho; desesperada por salir corriendo de allí y perdérmele al señor Roberto.

Okay, esa es buena idea. También voy a ir al baño. Y, entonces ambos caminamos hacia los baños y una vez que entré en él, salí de inmediato y sin mirar a nadie, salí casi corriendo de la cafetería antes de que don Roberto fuera a salir del baño y me fuera a sorprender huyendo. <<Lo siento mucho don Beto; usted aparenta ser buena persona, pero no puedo correr más riesgos con los extraños. Ya he aprendido muy bien mi lección >> me dije confiada.

VEINTIDÓS

DE NUEVO VOLVÍ A PARAR en la calle. Caminé rápidamente y crucé al otro extremo, de la avenida de la cafetería. Me dirigí por las calles pequeñas y me entré en una tienda de juguetes para consumir tiempo y evitar que don Roberto me fuera a encontrar.

Allí me detuve viendo los juguetes y recogiendo los que estaban tirados en el piso y a colocarlos en su sitio, para evitar que me mandaran a salir de la tienda. Luego vi un oso pequeño y como no costaba mucho me lo compré para que me hiciera compañía y para que la señora de la tienda no me fuera a regañar por haberle hecho perder su tiempo observándome.

Sentí que aquellos edificios se me venían encima.

Me arrepentí mil veces de haber abandonado mi tierra. Y quise morirme para no sufrir más y entonces recibí un gran consuelo al recordar las conversaciones que tenía con mi madre cuando apenas era una niña.

Recordaba cuando ella me decía: -"la vida no es nada fácil y para poder sobrellevarla se necesita tener valor, un buen estado mental y físico". Solo así se puede llevar a cabo todas las cosas que debemos hacer. Tenemos que ser fuertes para seguir luchando contra las adversidades de la vida".

"Tenemos que hacerle frente a la vida y no detenerse a armar los vidrios rotos. Ya esos no tienen remedio alguno. ¡Para qué perder el tiempo con ellos! Los que importan son los que están sanos. Y además de eso estar listos para celebrar con güiros y maracas todos los triunfos que hemos obtenido con nuestros sacrificios y por nuestra propia cuenta. A veces tenemos que luchar contra nuestros deseos y contra nuestros pensamientos. ——Sé que es difícil pero tenemos que luchar por nuestra vida mientras estemos respirando".

Hay que recordar siempre, que nadie se muere por nadie. Nosotros los seres humanos nos equivocamos, tropezamos y nos caemos a diario; pero lo importante no es la caída, sino como nos vamos a levantar.

Hay momentos muy difíciles y momentos muy dolorosos, que nos hacen llorar y sufrir, pero esos momentos pasan y volvemos a sonreír. También sé que de vez en cuando se nos empaña el entendimiento y no podemos ver las cosas con claridad y durante ese proceso mental, metemos las patas y actuamos como los animales y hacemos cosas indebidas; son cosas que a lo mejor hacemos por la inmadurez, la ignorancia, la poca educación y quizás porque no tenemos mucha paciencia y muy poca fe en uno mismo. Puede que también sea el miedo a lo desconocido, al fracaso, a las aventuras, a la soledad o por temor a equivocarnos. Muchas veces no queremos actuar ni pensar, porque se nos hace más fácil que otra persona lo haga por una, pero en ese caso no estamos haciendo exactamente lo que en si queremos hacer a nuestro gusto y antojo; sino el de la otra persona y entonces vamos a dar en el mismo clavo.

Ciertamente, esto nos resulta peor, porque vamos a parar con la misma situación, el mismo conflicto o peor aún. En otras ocasiones, vamos a dar a un lugar equivocado, o con una persona que no conocemos bien, creyendo que nos va a sacar adelante y quizás esa persona se aprovecha de nuestras desgracias y lo único que conseguimos es que esa persona nos perjudique aún más.

<<Mi madre no sabía leer ni escribir porque sus padres nunca la mandaron a la escuela. Según mi abuelo; las mujeres habían nacido para ser amas de casa y nada más. Pero el hecho de que fuera analfabeta, eso no le quitaba su inteligencia. A pesar de haber sido víctima de la violencia doméstica, pudo salir adelante, porque después de todo; era una mujer muy ágil e inteligente>>.

Bueno, recordando todas estas cosas y caminando de un lado a otro, sin rumbo y sin saber adónde ir me sorprendió la noche, entonces pensé en regresar a la casa, pero tenía miedo de encontrarme allá con el violador.

De pronto se me ocurrió llamar a mi amiga Marcia y contarle que andaba perdida para que me fuera a buscar con su mamá, y eso fue exactamente lo que hice. Tuve la suerte que allí mismo en donde estaba parada, había un teléfono público y con el cambio que tenía en el bolsillo de mi chaqueta, lo deposite y disqué el número telefónico.

Para mayor suerte, mi amiga fue la que contestó el teléfono. Sin esperar a que yo le dijera nada, enseguida que supo que era yo la que estaba llamando; me dijo: <<Oye Lucecita, aquí vino un hermano tuyo, buscándote y me dejó su número de teléfono para que tú lo llames lo más pronto posible. Cuando ella me dijo eso, me puse muy contenta y le pedí que me lo dijera enseguida para llamarlo.

Tan pronto como terminé de hablar con ella, llamé a mi hermano y le conté que estaba perdida y que necesitaba que me fuera a buscar.

Él me dijo que era mejor que tomara un taxi, porque así llegaba más rápido a su casa. Entonces me dijo que anotara la dirección, pero en ese momento yo no tenía con que escribirla, entonces él me dijo: <<Cuando pase un taxis lo llamas y le das mi número de teléfono que yo le explico cómo llegar. Ahora trata de memorizar esta dirección por cualquier cosa que pueda pasar. <<La dirección es… – Ah, espera tengo un lápiz labial y voy a tratar de escribirla con él. Como quiera que sea, me la voy a memorizar bien –le dije.

– ¿La pudiste copiar bien? –Me preguntó y le contesté que la había escrito correctamente con el lápiz labial.

Ahora no dejes que se haga más tarde y móntate en un taxi, que yo te voy a estar esperando enfrente del edificio donde vivo.

Tal y como me ordenó mi hermano que hiciera, así lo hizo y en menos de media hora ya estaba al lado de mi hermano, su esposa, mi madre y mi padrastro. Mi madre se puso muy contenta al verme llegar acompañada de mi hermano Josué. Tan pronto me alcanzó a ver corrió hacia mí para abrazarme y darme muchos besos. Luego salió diciendo: <<Gracias a Dios que me ha traído a mi hija>>.

VEINTITRÉS

EL RENCUENTRO CON MI MADRE Y con otros familiares me llenó de alegría. Yo me sentía inmensamente feliz de haber encontrado a mi familia y esa misma noche antes de irme a dormir, de rodillas le di muchas gracias a Dios y a la Virgen María por haberme concebido el milagro de haberme reunido de nuevo con mi madre y con mis hermanos.

Mi madre, se veía muy triste, cansada, enferma y para colmo, estaba a punto de dar a luz a su segundo hijo. Aun así aparte de su barriga y de su estado anímico, hacia todos los quehaceres de la casa, mas cuidaba de sus hijos y de otros niños que le traían para cuidar. Así se ganaba dinero para cubrir algunos de sus gastos.

En efecto, me causaba pena verla en esas condiciones, y trataba de ayudarla en todo lo que podía. Pues no me gustaba verla trabajar tanto y con frecuencia le decía: << Oye mami, deja eso que yo lo hago. Acuéstate a descansar un rato>>.

Mi padrastro era un hombre con ocho o diez años menor que mi madre. Era un poco grueso, bajito y de piel bastante oscura. Era una persona humilde, pasiva, pero cuando tomaba se convertía en otra persona. Salía todos los días a las cinco de la mañana para ir a trabajar a una fábrica que quedaba en Manhattan y regresaba a la casa, casi entrando la noche. Después se ponía a levantar pesas y los fines de semana se quedaba en la casa tomando cervezas con sus hermanos, que vivían en el mismo edificio.

Entonces cuando estaba tomando con ellos, se ponía a criticar todas las cosas que hacia mi madre y a burlarse de ella, diciendo que era una vieja estúpida y que estaba loca.

Al día siguiente, cuando le pedía a mi madre que le hiciera una sopa de pollo entonces mi madre le decía: <<para eso no soy estúpida ni estoy loca ¿verdad? Entonces él se reía y le preguntaba si ella estaba loca, o si había estado soñando.

Mi madre para no echarle más leña al fuego permanecía callada ante sus burlas e insultos.

Me molestaba terriblemente oírle decir esas cosas, y ver como se burlaba de ella en frente de sus hermanos. Entonces un día le pregunté a mi madre, que por qué tenía que aguantar todos esos malos ratos que le hacía pasar ese señor, desde que por esa misma razón había salido huyendo de mi padre. Ella se puso a llorar y luego me dijo:

—Desgraciadamente, sigo siendo víctima de la Violencia Doméstica —me dijo resignada.

<<Oye Mami tú no tienes que seguir siendo una víctima ni soportarle insultos ni malas crianzas a ese tipo. Basta ya de dejar que te humillen y te maltraten. Tú eres una mujer fuerte, luchadora y puedes salir adelante sin la ayuda de ese individuo. Él no se merece una mujer buena como tú. Si pudiste ser fuerte y tener valor para salir del lado de mi padre, ahora también lo puedes hacer y con más ayuda y facilidad que antes, porque nos tienes a nosotros para protegerte y apoyarte —le dije molesta por su conformidad>>.

—Es cierto Nena. En cuanto a eso tienes razón porque reconozco que no he sabido pensar bien ni elegir; sino que por sacarme un clavo me he enterado dos.

La verdad que yo no vine para Nueva York a enredarme a vivir con nadie; sino que vine con el fin de conseguirme un trabajo para traerme a ustedes para acá, pero comencé a buscar trabajo, y como tú sabes que yo no sé leer ni escribir se me hizo difícil encontrarlo. Aparte de eso viene enferma y me la pasaba en el hospital con mi hermana, haciéndome exámenes y sacando recetas.

Estaba desesperada y ya no encontraba que hacer. Ustedes me hacían mucha falta y no podía hacer nada para mandarlos a buscar. Entonces durante ese tiempo en que me encontraba deprimida y en esa desesperación fue que el cuñado de mi hermana; que también vivía en la misma casa, empezó a brindarme su ayuda y yo pensando en que quizás así yo podía mejorar y traérmelos a ustedes, no dudé en aceptársela. Luego se dio el noviazgo y terminamos siendo marido y mujer —Cabizbaja me dijo todas esas cosas—.

—Descuida Mamita, usted no tiene que darme ninguna explicación y mucho menos sentirse mal ni arrepentida de lo que hizo. De hecho, Usted no tuvo otra salida y se vio obligada a hacerlo. Así es que no se preocupe por nada ni se aflija después de todo, soy yo la que tengo que sentirme mal y ponerme de rodillas y pedirle perdón por haberle hecho caso a Papá y escribirle aquella carta. Debí negarme a copiarla; aunque me rompiera la cara —le dije con lágrimas en mis ojos.

No te aflijas por eso ahora hija. Ya eso es cosa del pasado. Ahora lo más importante es que te tengo aquí a mi lado y que estamos bien. Lo demás no tiene importancia –me dijo secándome las lágrimas.

Respiré profundamente en ese instante y me dejé caer sobre su hombro, en señal de satisfacción y amor por tenerla junto a mí apoyándome.

El día que mamá fue al hospital a dar a luz a mi hermanito Joshua, me quedé sola con mis hermanitos y durante esas horas en que estuve sola, alguien tocó en la puerta de la entrada. Pensé que era mi padrastro que había regresado y sin preguntar quién era abrí la puerta. Entonces me lleve un gran susto al ver al hombre que iba a ser mi esposo y que aparentemente, había abusado de mí. Traté de cerrar la puerta, pero el advirtiendo lo que yo iba a hacer avanzó y metió el pie. <<No te atrevas a entrar le dije>>. Pero el insistió en entrar diciéndome: –déjame entrar que quiero hablar contigo y te juro que no te voy a causar ningún daño.

– De eso yo no estoy tan segura; de ti yo no espero nada bueno. Es mejor que se vaya, yo estoy sola con mis hermanitos y no puedo recibir visitas. –le dije un poco nerviosa.

–Está bien amorcito, me voy pero voy a regresar en una semana a hablar con tu mamá. Ella tiene que saber que te amo y que soy tu novio.

–Yo no soy tu novia, y no pierdas tu tiempo en regresar –le grité cuando iba bajando por las escaleras.

En ese instante cerré bien la puerta y temblando de miedo corrí hacia la ventana que daba a la calle, para ver si se había alejado del edificio donde yo vivía con mi familia. Luego me tranquilicé un poco al verlo entrar al subway.

De inmediato pensé en el revolú[34] que se iba a formar, si en verdad le daba con regresar a verme de nuevo, y a contarle a mi familia lo que me había dicho. No podía pensar en nada, ni que hacer; sino dejarlo que me visitara para evitar un escándalo mayor. Bueno, de todas maneras, ya el daño estaba hecho, y estaba dispuesta a hacer cualquier cosa, para que tanto mi madre como mis hermanos no supieran nada de lo que me había pasado.

Por supuesto, conocía bastante bien a mis hermanos y sabía que si ellos se enteraban de lo que el tipo me había hecho, iba a ocurrir una desgracia y eso sí que jamás yo lo iba a permitir.

---

[34] escandalo

A los pocos días después salí con una amiga de mi madre a ver una película mexicana en el teatro Puerto Rico del Bronx y me asombré muchísimo al encontrarme allí con el tipo cruel que me había engañado, y que supuestamente, creí que me había violado.

En ese momento traté de salir corriendo, pero no me fue posible, debido a que ya él me había visto y se estaba dirigiendo hacia mí. Por supuesto, sabía que yo iba a ir al teatro y estaba allí esperándome.

Pero... ¿cómo lo supo? Eso nunca lo pude averiguar. Incluso pensé en no entrar al teatro y regresarme a la casa, pero me armé de valor y le hice frente a la situación. Después de todo, no podía pasarme todo el tiempo escondida y huyendo de los problemas. Lo justo era enfrentarlos y resolverlos yo misma.

No obstante, mi amiga continuaba en la fila para comprar los boletos como si no hubiera visto a nadie conocido, hasta que el tipo prácticamente le gritó que se detuviera que ya él había comprado los boletos. Ella le sonrió de tal manera que me hizo pensar que lo conocía de antes. Al pensar en eso me dio mucho coraje pero disimulé y no le dije nada al respecto.

—Lucecita —dijo ella— dale las gracias a tu amigo por comprarnos los boletos. —Creo que él es tu amigo y no el mío. Es mejor que seas tú la que le dé las gracias.

—Lo siento pero él no es mi amigo, ni tiene que comprarme ningún boleto.

Ella se hizo como si no hubiera oído nada y comenzó a caminar por el pasillo, buscando con la vista los asientos en donde nos íbamos a sentar. Efectivamente, los asientos que nos tocaron fueron los mejores, porque habían sido comprados por adelantados en una de las primeras filas, donde se podía ver mejor la película. Para colmo, el tipo se me sentó al lado y casi no vio, pero que tampoco me dejó ver a mi la película; hablándome todo el tiempo.

Confusa y molesta por tanto hostigamiento que me estaba haciendo el tipo, entre dientes exclamaba: —Dios mío, dame paciencia para controlar mi mal genio y no salir de aquí corriendo como una loca. Me sentía enojada sentada entre dos traidores; pero dado al caso, lo único que me restaba por hacer era: respirar profundamente y dejarme llevar por el sonido musical y las acciones de los personajes de la película.

—No seas así, mi amor. Dime algo. O, dime algo de la película. Don't be like that! [No seas así] Si no quieres ser más mi novia, entonces déjame ser tu amigo>> —me suplicaba.

¡Qué cínico eres! ¡Cómo es que eres capaz de decir que quieres que yo sea tu amiga, después de todo el daño que me hiciste! —le dije contrariada.

—No veo por qué no. Además yo no tuve la culpa de que tú no llegaras a tiempo a la iglesia. Yo creí que tú te habías arrepentido. Entonces al ver que nunca llegaste, salí de allí desesperado y sin encontrar que hacer. Bueno, lo único que se me ocurrió fue meterme en una cantina a darme unos cuantos tragos y después irme a dormir a mi apartamento. Entonces cuando llegué y te encontré en mi casa con mi amigo, me alegré muchísimo; pero al día siguiente salí a la calle a comprarte un desayuno y cuando llegué al apartamento no te encontré.

—Sé que me equivoqué y que no supe hacer bien las cosas, pero lo hice por amor y porque te amo y no quiero perderte. Déjame ir a tu casa, para conocer bien a tu mamá y a tus hermanos — decía tratando de disculparse.

Cuando me dijo esas cosas, pensé que era una persona muy cínica y en ese momento me llené de ira y en voz alta le dije – ¡Ah, pues bien, así son las cosas! Mire señor, usted no tiene nada que ir a hacer a mi casa. Así es que apunte para otro lado y olvídese de mí.

—Está bien, puedes quedarte tranquila. No voy a ir a tu casa. Si es que eso te preocupa —me aseguró en ese momento.

Después de unas cuantas semanas de estar conviviendo con mi familia, comencé a sentirme mal. Me daban muchos mareos y todo lo que comía me causaba vómitos. Para mi madre todas estas cosas que me estaban sucediendo eran normales, debido a que los mareos y los vómitos eran los mismos síntomas de mis padecimientos de Migraña.

Entonces un día, después de que mi padrastro se fuera al trabajo, vino y se sentó en la cama donde yo dormía y ambas nos pusimos a platicar. Después de conversar de muchas cosas relacionadas con mis familiares en la isla, comencé a sentir la necesidad de contarle a mi madre lo que me había sucedido con el amigo de la señora con quien había estado viviendo. La verdad que no sé cómo se me ocurrió, pero la cosa fue que vi a mi madre como a una amiga fiel y me armé de valor y le conté todo lo que me había sucedido relacionado a mi falsa boda y también que había sido abusada sexualmente.

Mi madre se puso furiosa y en ese mismo momento, quería ir al cuartel de la policía (que estaba muy cerca de allí) para denunciarlo. Yo le rogué que no lo hiciera, porque no quería un escándalo y mucho menos que mis hermanos se enteraran de lo que me había sucedido. También le dije que el tipo había venido a verme cuando ella estaba en el hospital dando a luz, y que me había dicho que iba a regresar para hablar con ella acerca de casarse conmigo. Yo le pedí que no lo hiciera y que no volviera más por aquí.

Ella me dijo que había hecho muy bien en decírselo y que si algún día regresaba ella sabía muy bien lo que le iba a decir y lo que iba a hacer con él. Que no se crea que me voy a quedar de brazos cruzados después de todo lo que te hiso.

En ese momento mi madre se tranquilizó un poco y me dijo –vamos para la cocina porque te voy a preparar un buen desayuno.

Entonces me hiso un revoltillo de huevos con jamón y papas, pero... tan solo de acercarme la cuchara a la boca, me dio nausea y no me lo pude comer.

Mi madre enseguida comenzó a sospechar que yo estaba embarazada y sin pensarlo dos veces me dijo –mira nena, ve y báñate enseguida que te voy a llevar al hospital a chequear. Esos malestares que tú tienes me tienen muy preocupada y es mejor que te vea un médico.

Inmediatamente hice lo que mi madre me ordenó que hiciera y después de vestirme fui al cuarto donde estaba mi madre con los niños y le ayudé a ponerles sus ropas. Después sentamos a los niños en un cochecito y nos fuimos al hospital Lincoln; que estaba localizado a unos tres bloques del lugar donde vivíamos.

Entramos por un pasillo larguísimo marcado por unas líneas rojas que nos conducían a la sala de emergencia. La sala de emergencia estaba llena de pacientes de todas las edades y razas. Los médicos y las enfermeras, caminaban de un lado a otro, cargando bolsas de sueros, y algunos instrumentos médicos. Caminaban a toda prisa como si estuvieran en una batalla de guerra. Se escuchaba mucho ruido. Unos enfermos quejándose, otros niños gritando y otros hablando en otros idiomas. Casi nadie hablaba español.

Me estuvo curioso y me sentí contenta al ver que casi todas las enfermeras y los médicos que estaban en la sala de emergencia, saludaban a mi madre y a mis hermanitos con mucho cariño.

<<Hi Mrs. Kereru, What brought you here today? [Hola señora Carrero. ¿Que la trajo aquí hoy?] –preguntó una de las enfermeras.

My daughter is sick. She vomit, she no good. [Mi hija enferma. Ella vomitó. Ella no buena]. –respondió mamá con el poco inglés que sabía.
<<"I'm so sorry to hear that". [Siento mucho escucharlo]

–"That sounds like a virus" [Eso suena como si fuera un virus] –dijo la enfermera.

En ese mismo momento la enfermera me preguntó por mi nombre, mi apellido, mi edad y por mi dirección. Pude darle todos mis datos menos mi dirección porque todavía no me la sabía muy bien, pero mamá enseguida se la dio por mí.

Después de media hora la misma enfermera vino por mí para llevarme con el médico. La sala de emergencia era un pasillo amplio y largo, con muchas camillas a ambos lados, separadas por unas cortinas verdes.

Efectivamente, una de las enfermeras me pidió que me subiera a una de esas camillas que estaban en esa sala. He hice todo lo que me ordenó que hiciera. Mientras tanto, mamá me aguardaba en la sala de espera con mis hermanitos.

Después de haberme hecho todas las pruebas, la enfermera me pidió que me fuera junto a mi madre y que esperara allí por los resultados de los laboratorios y que el médico me chequeara. Al cabo de una hora llamaron a mi madre y a mí para que pasáramos a ver al médico y para darnos los resultados de los análisis que me habían hecho.

Exactamente, los resultados dieron positivo a un embarazo. Fue una noticia espantosa. De verdad que no lo podía creer y le dije a mi madre que esos resultados no eran mío. Que se habían equivocado de paciente.

Mamá aterrorizada por la horrible noticia, me dijo que el médico no estaba equivocado. Menos los resultados y que los síntomas que yo presentaba no demostraban lo contrario. Mi madre sabía que esa noticia me había afectado demasiado y para consolarme me dio un fuerte abrazo diciéndome –no te preocupes ni tengas miedo que todo va a salir bien.

Yo sabía muy bien que las cosas para mí no estaban bien y que ahora se iban a poner peor. Esa noticia había comenzado a inquietarme aún más porque sabía que cambiaba mi vida por completo. Mas sin embargo tenía que calmarme, porque no quería inquietar más a mi madre, ni causarle más problemas de los que la pobre ya tenía.

Mi madre se sentía mal y se echaba la culpa de todas las cosas que me estaban pasando. En realidad, yo no quería que mi madre sufriera por mí y menos sabiendo que ella no estaba muy bien de salud. Entonces decidí casarme para no hacer sufrir más a mi madre y para no causarle problemas a mis hermanos.

Mi madre no quería que me casara en contra de mi voluntad, pero para aliviarle su amargura y su preocupación, le mentí diciéndole que yo me iba a casar porque después de todo, yo me había enamorado del padre del hijo que iba a tener, además no quería ser madre soltera y llegar a tener a un hijo sin padre.

VEINTICUATRO

A pesar de que no estaba lista para el matrimonio, por ser menor de edad y porque en verdad no amaba al hombre con quien me iba a casar, aun así decidí casarme con él. Pues no tuve mucho que esperar, porque esa misma semana se presentó a visitarme y a hablar con mi mamá, para decirle que quería casarse conmigo. Como mi madre y yo ya habíamos hablado del asunto, no se le hizo difícil aceptar su petición y ese mismo día nos pusimos de acuerdo para casarnos.

Al parecer el asunto del matrimonio era fácil y una se podía casar de un día para otro, como el casamiento falso que ya había presenciado, pero no fue así. Todo era un proceso y tomaba su tiempo. A parte de eso, yo era menor de edad y para poder casarme necesitaba mi acta de nacimiento más el consentimiento y la firma de mis padres. En ese tiempo yo no contaba con un certificado de nacimiento original. Solamente tenía una copia y para colmo en ella no aparecía el nombre correcto de mí padre.

Entonces yo seguía engordando y mi acta de nacimiento no aparecía. Por otro lado, el tipo estaba ansioso por tenerme a su lado y no dejaba de insistir para que me fuera con él a vivir. Saliéndose con la suya; me invitó a un concierto de Rocío Ducal y como esa era una de mis artistas favoritas acepté encantada de la vida. El teatro quedaba detrás de la avenida donde él vivía y en donde yo había vivido con su amiga. Después de ver el concierto me llevó para su apartamento y luego se hizo demasiado tarde y no me quiso regresar con mi familia, entonces yo me vi obligada a quedarme y a mentirle a mi madre, diciéndole que me iba a quedar unos cuantos días en la casa de mi amiga. Mi madre sabía que yo le estaba mintiendo, pero no me dijo nada; después de todo ya el daño estaba hecho y todo estaba arreglado para casarme.

Así pasaron unas cuantas semanas hasta que llegó mi padre con mi certificado de nacimiento y fuimos a City Hall y nos casamos por la ley, y ese mismo fin de semana, nos casamos por la iglesia.

Para empezar, la boda fue todo un desastre. Los padrinos de la boda tuvieron un percance y llegaron a la iglesia en el último minuto. Después comenzó una fuerte tormenta de nieve y a duras penas pudimos salir de la iglesia. Los carros estaban atascados en la nieve y tardaba algún tiempo para poder sacarlos.

Me fui caminando hacia el carro con muchísima dificultad, por toda la nieve que estaba cayendo y en el pavimento. En una se me enterró el zapato en la nieve y caí sentada encima de una montaña de nieve.

En ese instante, todos los que me vieron caer, comenzaron a reírse. Yo me enojé y comencé a gritarles que no fueran tan estúpidos; que eso no era ningún chiste.

En ese momento mi esposo al verme tan enojada, se enfureció y me agarró bruscamente por un brazo y me levantó del suelo, luego me condujo a donde estaba el carro y después que abrió la puerta; bruscamente me empujó hacia el asiento trasero del carro. Luego me pegó una fuerte bofetada; tan fuerte que me partió un labio.

Gracias a Dios que nadie de mi familia lo vio, porque si mi hermano Josué lo hubiese visto, de seguro que le parte la cara y entonces la boda hubiera terminado aún peor.

Yo me llené de rabia y me arrepentí mil y millones de veces de haberme casado con él y hasta maldecí el momento en que lo había conocido. En ese momento volví a sentir mucho desprecio y odio hacia él.

Lo único que deseaba era morirme en ese mismo instante para no tener que soportarlo ni verle más nunca la cara.

Cuando llegamos a la casa traté de cubrirme la boca con el velo del sombrero que había usado para casarme, porque me daba vergüenza que la gente me viera con el labio hinchado y partido. Pero en realidad no sirvió de nada porque mi madre y mi padrastro enseguida se dieron cuenta y me preguntaron que me había pasado en la boca. El tipo enseguida se me adelantó diciendo:

– ¡Acaso ustedes no la vieron cuando ella se calló al salir de la iglesia! La pobrecita casi se mata. Ellos no se comieron ese cuentito, pero no les quedó de otra que aceptarlo; al menos, por el momento.

Anhelaba con ansiedad que el evento de la boda concluyera lo más pronto posible, para quedarme sola y poder pensar bien y analizar cómo iba a salir de aquel laberinto en el que me había metido. Solo de pensar en huir corriendo de allí me daba fortalezas, pero al mismo tiempo me deprimía y me llenaba de miedo, porque no sabía a donde ir a esconderme para que mi esposo no me encontrara. A parte de eso, no tenía dinero para irme a hospedar en ningún sitio. Ni siquiera tenía dinero para coger el tren e irme de regreso a la casa de mi madre; aunque eso era lo último que quería hacer. No quería hacer sufrir a mi madre con mis problemas. Aunque lo más que deseaba en ese momento era regresar a la isla.

Desesperada y angustiada, le pedí a Dios y a la Virgen que me ayudaran a salir del terrible error que había cometido, al haberme casado con aquel hombre tan imbécil y salvaje.

Le pedí a Dios que me diera fuerzas y valor para seguir luchando contra todos los problemas que a diario se cruzaban en mi camino. Entorpeciendo mi mente y quitándome la paz y la tranquilidad.

Mi esposo sabía que yo a él no lo quería ni lo amaba, y que lo único que me inspiraba era odio y rencor por todas las cosas malas que me había hecho. Se sentía molesto e inseguro por mis actitudes y por mis sentimientos hacia él y se había propuesto a retenerme a su lado con engaños y a la fuerza. Por supuesto, aprovechándose de mis condiciones, mi inocencia y mi inmadurez.

Al día siguiente me pidió disculpas por la bofetada que me había dado y por todo el daño que me había hecho. Que jamás me iba a poner una mano encima; a menos que no fuera para acariciarme y llenarme de besos. Trataba de conquistarme con flores, regalos y llevándome a los mejores conciertos y lugares importantes, pero yo me sentía herida y nada de lo que me daba me alagaba; al contrario me chocaba tanta insistencia y galantería.

Llegó el día en que tuvo que regresar a su trabajo y por supuesto, era también el día en que yo estaba esperando para salir del apartamento, e ir a la iglesia a contarle todas las cosas, que me estaban pasando al padre cura. Al mismo tiempo, pedirle que anulara mi matrimonio, porque ese matrimonio había sido falso, puesto que yo me había casado sin amor y para evitar un escándalo en mi familia.

El padre Anselmo, se quedó asombrado cuando le conté lo que me había sucedido y me dijo que él no podía anular mi matrimonio, que para eso tenía que ir a City Hall; al sitio donde había solicitado la licencia de matrimonio. El padre me dio muchos consejos y también me dijo que me areguindara de Dios y que le pidiera con mucha fe y devoción para que me protegiera y me librara de todo lo malo. Luego cuando me fui a ir me guio hasta la puerta ¿¿¿se despidió de mi con un fuerte abrazo y me pidió que no dejara de ir a verlo cuando precisara de su ayuda y a alguien con quien hablar. Que él siempre iba a estar listo para ayudarme con lo que fuera.

VEINTICINCO

REGRESÉ A LA CASA más aliviada que nunca y lista para enfrentar la batalla. Sabía que no era fácil.

Tuve la desgracia de vivir en el mismo edificio donde vivían sus padres, sus hermanos y su tía favorita. Por suerte ella era muy buena conmigo. Siempre estaba pendiente de él y de mí y se molestaba por las cosas que él me hacía y lo regañaba. También lo aconsejaba para que fuera bueno conmigo. Él la quería mucho y la respetaba como si hubiera sido su madre. Por lo general, él la escuchaba calmadamente y cogía los consejos que ella le daba.

Algunas veces ella me buscaba para ir de compras o para ir a caminar por las avenidas más cercanas que eran: Prospect, Unión Avenue y la tercera avenida. En esas avenidas había muchos establecimientos comerciales, donde se vendía de todo. Desde comida hasta toda clase de ropa, zapatos y hasta enseres para el hogar y otros.

Después de recrearnos y de comprar alguna que otra cosita, llegábamos a la casa. Ella se ponía a preparar la comida y yo ayudarle y a mirar como la preparaba, para aprender también a preparar cada comida que ella hacía. La verdad que ella era tremenda cocinera. Fue ella la que me enseñó a cocinar, porque lo único que yo sabía hacer era; sopas, verduras, papas y huevos fritos.

Gracias a Dios que la puso a ella en mi camino, porque a pesar de que ella era una persona obesa y con poca salud, tuvo fuerzas, ánimos y valor para llevarme a muchos sitios; aparte de que también supo darme buenos consejos, cariño, protección y me dio su compañía y amistad cuando más la necesitaba. Nunca he dejado de recordarla.

El resto de la familia de mi esposo, me era indiferente, especialmente su madre que siempre trataba de llevarme la contraria y de hacerme la vida un infierno. Ella nunca estuvo de acuerdo a que su hijo se casara, debido a que él trabajaba y todo el dinero que ganaba se lo entregaba y entonces ella le daba veinte dólares. Con esos veinte dólares él tenía que comprar los token del tren para ir a trabajar los cinco días de la semana.

Era lógico que al cazarse conmigo no le podía entregar todo el dinero; sino parte del, y por esa razón la doña me aborrecía. Cuando nos casamos, él continuo dándole todo su dinero y ella se encargaba de pagar la renta del apartamento y de llevarme al mercado a comprar la comida.

Cada vez que llegamos al supermercado, ella cogía un carro de compras y su lista de artículos y se iba por los pasillos de comidas, y entonces iba depositando en el carro, los productos de comidas que según ella, le gustaban a su hijo. Si yo agarraba algún pote u otra cosa que no estuviera en su lista, la sacaba del carro y enseguida me decía: << eso no lo vamos a llevar porque al rubio eso no le gusta>>. Yo me sentía molesta pero no me atrevía a decirle nada y aceptaba todo lo que ella me decía.

Por último, acudí una vez más al supermercado con mi suegra, pero en esta ocasión se me salieron las agallas y cogí un pote de habichuelas blancas y lo puse dentro del carro. Ella inmediatamente me lo sacó del carro diciéndome: <<Mira ese no lo vamos a comprar, porque al rubio no le gustan las habichuelas blancas>>. Yo me enojé muchísimo y cogí el pote de habichuelas y lo puse de nuevo en el carrito de la compra y con un tono de voz fuerte le dije; –fíjese usted señora; que a él rubio como le llama usted no le gusta las habichuelas blancas, pero a mí sí me gustan y las voy a llevar. La señora se puso furiosa por lo que le dije, pero no me dijo nada y aceptó que me llevara el pote de habichuelas.

La siguiente semana volvió de nuevo a buscarme para ir a comprar la comida de la semana, pero esta vez me negué a ir con ella. Entonces como no quise ir, fue con el chisme a mi esposo que estaba trabajando un tiempo parcial en la marqueta de pescado (que estaba localizada cerca del edificio donde vivíamos). El de inmediato subió al apartamento, a preguntarme porque no quería ir a la tienda con su mamá. Yo fingí que estaba enferma, que me dolía mucho la cabeza y que no quería salir a la calle para evitar aguantar sol. Entonces él me dijo: –Se supone que vayas con mi madre hacer las compras, pero si estas enferma y no puedes ir, pues quédate en la casa y que mamá vaya sola.

Yo me sentía molesta porque no podía actuar con derecho ni con libertad en mi propio departamento. Ni siquiera ir a comprar la comida que me gustaba comer.

VEINTISÉIS

Un día fui visitar a uno de mis hermanos, y su esposa me dijo que en la fábrica de juguetes donde ella trabajaba, estaban cogiendo mujeres para trabajar. Yo le pedí a mi cuñada que me llevara lo antes posible, porque yo quería trabajar para ganar dinero y poder comprar mis cosas, pero más que nada, reunir dinero para mandarles el pasaje a mis hermanos, que estaban en Puerto Rico y pudieran venir a vivir conmigo a Nueva York.

Le pedí que por favor me llevara lo más pronto posible. Ella me dijo: Yo te llevo mañana mismo si tú quieres. Entonces nos pusimos de acuerdo y nos encontramos en la estación del tren; en la parada de Jackson Ave.

Efectivamente mi cuñada me llevó a la oficina de la fábrica y ese mismo día me dieron el trabajo, y me pusieron a trabajar en una máquina de coser para hacer trajes de muñecas y hacer otras costuras. Gracias a Dios que había aprendido a coser en la clase de Economía Doméstica de la escuela y salí muy bien con las pruebas de costuras que me hicieron hacer.

Cuando llegué a mi casa le conté a mi esposo que me habían dado el trabajo y que me gustaba muchísimo. Él me dijo que no quería que yo trabajara, pero le dije que quería trabajar para poder ayudar a mis hermanos y para cubrir mis gastos. También le dije que yo en verdad no entendía por qué él no quería que yo trabajara, si en realidad a él casi no le sobraba dinero del que ganaba puesto que tenía que entregárselo a su mamá y que yo ni siquiera podía disponer de dinero alguno para ir sola a comprar la comida de la casa.

Cuando le aclaré bien las cosas, se puso furioso y enseguida puso el grito en el cielo diciendo: ¡Está bien! Ya no me digas nada. Es mejor que no sigas hablándome de la misma mierda. Ese no es tu problema.

Entiendo que no es mi problema, por eso es que te pido que me dejes continuar con mi trabajo. No puedo dejar de trabajar. Me hace falta ganar dinero para comprarme mis cosas, además necesito juntar algún dinero para mandarles los pasajes a mis hermanitos que están en Puerto Rico.

Está bien…has lo que tú quieras.

Anyway [De cualquier manera] tú en parte tienes razón. Hoy mismo hablo con mi madre, y resuelvo este problema. Ella tiene que saber que ya yo estoy casado y que tengo otros gastos y otras obligaciones que cumplir.

Ese día salió de la casa a eso de las tres de la tarde, con el fin de ir a hablar con su mamá, pero no regresó a la casa hasta el día siguiente; a eso de las siete de la mañana. Cuando llegó me encontró vestida y lista para irme a la iglesia, entonces me preguntó que para a donde iba.

Yo le respondí –voy para la iglesia, pero el casi sin poder pronunciar bien las palabras (de la borrachera que aun todavía le duraba), me dijo –Lo siento, pero aquí nadie va para ningún sitio.

Pero… ¿por qué no puedo ir? –Le pregunté.

–Porque a mí no me da la gana de que vayas –me respondió sarcásticamente.

Entonces me di cuenta de que estaba tratando de buscarme problemas y que era mejor que lo dejara tranquilo y no discutiera con él.

De inmediato pensé en un montón de cosas y para evitar enfrentamientos con él, me fui para el cuarto.

Cuando estaba a punto de cambiarme la ropa, el entró cuarto reclamándome que porque no había ido al mercado con su mamá y por qué me había puesto malcriada con ella.

Yo le dije que no sabía de qué me estaba hablando, porque en ningún momento yo me había puesto malcriada con su mama y mucho menos había ido a su casa; pero que tampoco me interesaba hacerlo, porque a mí no me gustaba ir a donde no era bien recibida.

No me mientas estúpida. Mi madre me dijo que tú habías ido a insultarla y yo se lo creo. –Me gritaba con voz fuerte y arrogancia. Cosa que me hizo poner más nerviosa.

El siguió insistiendo en que yo había ido a insultar a su mamá y que ella no le había mentido. También me dijo que no volviera a meterme con su madre, porque me iba a romper la cara. Yo le dije que su mamá le había mentido, porque yo no había ido a su casa y mucho menos a insultarla.

Entonces se puso furioso y sin perder tiempo se me abalanzó encima y comenzó a darme bofetadas y luego me agarró por el cuello, tratando de estrangularme. Yo trataba de empujarlo con mis manos y con mis rodillas, pero se me hacía difícil, puesto que él me tenía atrapada con su cuerpo. Luego me quitó las manos del cuello para darme unas bofetadas más, y en eso me aproveché y lo empujé con todas mis fuerzas.

Como no había pasado bien la borrachera que se había pegado la noche anterior, se fue de espaldas tambaleándose de un lado a otro, hasta que cayó tendido en el piso. Entonces yo me aproveché y cogí mi bolsa de mano que estaba sobre la mesita de noche, y salí corriendo del apartamento para evitar que el me fuera alcanzar. Pero como estaba tan nerviosa me tropecé y me fui rodando por las escaleras. Me lastimé la espalda y un brazo.

Así como pude me levanté del piso y me fui caminando lo más rápido que pude hasta llegar a la casa de la hermana de mi cuñada dominicana–que vivía a unos cuantos bloques de allí–. Sabía que allá jamás me iba a encontrar, puesto que él no la conocía ni sabía a donde ella vivía y por lo tanto, no me iba a encontrar para seguir haciéndome daño.

También estaba segura de que la hermana de mi cuñada, no me iba a dejar en la calle, y mucho menos cuando yo le contara lo que me estaba pasando.

Esa noche me quedé a dormir en su casa, pero casi no pude dormir nada, porque me dolía la garganta, la espalda y casi todo el cuerpo. Aun así me fui a trabajar. Allá en el trabajo comencé a sentirme peor y apenas podía moverme de un lado a otra del dolor tan fuerte que me estaba dando en el vientre. En eso una de las empleadas me vio con el rostro pálido y retorciéndome del dolor y me preguntó si me sentí mal. Y con el rostro pálido y mareado.

Yo le dije que me sentía mal y que me hiciera el favor de ir a buscar a mi cuñada Nadina para que me acompañara al baño. En eso vino una de la manager y fue a buscar a mi cunada y le dijo que me acompañara al baño y que si no me sentía mejor que me fuera a la casa.

Ambas caminamos hacia el baño y cuando me fui a sentar en el inodoro, sentí más fuerte el dolor y vi que mis pantis estaban manchados de sangre. Como el dolor era tan fuerte comencé a desmayarme, pero Nadina me sujetó por un brazo y me ayudó a sentarme en el piso para que no me fuera a caer y a lastimarme. Luego se fue a buscar ayuda. En menos de diez minutos regresó con un compañero de trabajo listo para llevarme al hospital.

VEINTISIETE

TUVE LA SUERTE DE LLEGAR al hospital en menos de media hora debido a que estaba a unas cuantas cuadras del taller donde trabajábamos. En la entrada del hospital había un enfermero con una silla de ruedas y enseguida me sentaron en ella para llevarme a la sala de emergencia.

Después de muchas preguntas y de tomarme los signos vitales vino el médico y me examinó. Tan pronto terminó de examinarme, me dijo en pocas palabras: <<"You appear to have a miscarrige">> Mi cuñada entendió muy bien lo que el médico dijo y mirándome llena de asombro me dijo: —Tu estas embarazada y aparentemente vas a abortar. Eso es lo que ha dicho el doctor. ¿Tú sabias que estás embarazada? — Me pregunto sobresaltada.

—Claro que sí, pero eso yo no se lo había dicho a nadie. Solamente lo sabe mi madre —le respondí aterrorizada.

<<Wow! ahora sí que las cosas están color de hormiga brava>>. —dijo mi cuñada llena de asombro.

El dolor que estaba sintiendo era tan fuerte, que en ese momento lo único que deseaba era gritar con todas mis fuerzas, para que el doctor me oyera y me diera algo que me aliviara el dolor, pero eso no fue necesario, porque en ese mismo momento llegaron dos enfermeras a buscarme para llevarme a otro lugar.

Mientras me transportaban en la camilla por el pasillo, escuché a una de ellas decirle a mi cuñada que se fuera para la sala de esperas hasta que ella la llamara.

Me condujeron a un cuarto y allí una de ellas me ayudó a quitarme la ropa y a ponerme una bata azul y luego procedió a sacarme sangre de las venas de mi brazo derecho y a ponerme suero.

De repente, yo comencé a sentir un poquito de alivio. Miré hacia ambos lados, para ver bien en donde estaba y fue entonces cuando vi un reloj blanco y negro, montado en una pared. El reloj marcaba exactamente la una de la tarde. Me alarmé un poco al ver la hora que marcaba y enseguida pensé en mi cuñada, que estaba esperando por mí todas esas horas y sin almorzar.

Sin perder tiempo alguno, llamé a la enfermera y le dije: -I want you to speak to Nadia My sister-in-law. She come here to me now. [Quiero que usted hable con mi cuñada Nancy. Que venga aquí ahora.] –le dijo con el poco inglés que sabía. "Okay." "Now tell me, how you feel?" [Ahora dime, como te sientes] -Me preguntó muy amable. –I have pain in here. [Tengo dolor aquí] - le respondí tocándome la barriga.

En ese instante entró a mi cuarto otra enfermera acompañada por un doctor.

El doctor se me acercó diciéndome: <<"I'm Dr. Wang." [Soy doctor Wang.] What is your name, young lady? [¿Cuál es tú nombre jovencita?] -me pregunto.

Entonces la enfermera me ayudó a ponerme lista para que el me examinara.

Yo me sentía bien nerviosa y con mucha vergüenza, debido a que no estaba acostumbrada a que un médico me examinara mis partes íntimas. La enfermera muy amable puso su mano en mi hombro derecho en señal de apoyo, para que me relajara un poco y no me sintiera tan incómoda.

Durante ese proceso entre mis dientes yo le rogaba a Dios y a la Virgen María, para que me dieran sus bendiciones y me ayudaran para que todo saliera bien y más que nada para que no fuera a perder la criatura que llevaba dentro de mí.

El doctor me miró fijamente y poniendo su mano sobre mi mano me dijo: "You need to relax now." [Tú necesitas relajarte ahora].

El doctor y la enfermera se fueron de mi lado y a los pocos minutos entró mi cuñada y me dijo:

–Hable con el médico y me dijo que posiblemente vas a tener un aborto.

–NO, no…Eso no puede ser verdad. Yo no quiero abortar a mi bebe -le dije muy triste y asustada. Cálmate, no pienses en eso ahora. A lo mejor no lo pierdes. Aunque pensándolo bien, yo creo que es mejor así. Después de todo a ti no te conviene darle hijos, ni seguir casada con ese tipo que te trata tan mal –refunfuño molesta.

En verdad eso que tú dices es muy cierto, pero ya me había ilusionado tanto con este bebe que voy a tener y no quiero perderlo. ¡Te imaginas que yo pierda mi primera criatura! –le dije muy preocupada.

-Anyway,*[35] que sea lo que Dios quiera –me dijo esperanzada.

Sentada incómodamente en la camilla, trataba de respirar profundamente para ver si así el dolor se me aliviaba, pero era todo lo contrario; el dolor me atacaba cada vez más fuerte. Entonces desesperada por el terrible dolor que estaba sintiendo, llamé a la enfermera para que me diera algo para el dolor. Pero lo único que hiso fue ponerme una toalla bien caliente sobre el vientre y entonces el dolor se me alivio un poco.

Al cabo de unos cuantos minutos, me dieron deseos de usar el baño. Llame nuevamente a la enfermera para que me ayudara a ir y enseguida vino a llevarme sujetándome por un brazo para que no me fuera a caer. Me senté en el inodoro y de pronto sentí un dolor bien fuerte y al mismo tiempo sentí como si una bola grande me estuviera saliendo.

Asustada me puse de pies sujetándome del brazo de la enfermera. Fue entonces cuando sentí un chorro caliente bajarme por las piernas y al mirarme vi los chorros de sangre bajándome por ellas hasta caer al piso. Entonces también note que el inodoro.

Me asuste muchísimo al ver tanta sangre y poco a poco me fui desvaneciendo. En ese mismo instante con mi visión borrosa vi unas cuantas enfermeras y médicos a mí alrededor y después me fui del mundo por completo y no supe de nada más.

Al día siguiente cuando me desperté, lo primero que vi fue a un médico y a una enfermera que estaban observándome, mientras comentaban acerca de mi mejoría. A pesar de mis limitaciones con el idioma inglés, pude descifrar algunas de las palabras que ellos estaban diciendo. Escuche al doctor decirle a la enfermera que aparentemente ya la hemorragia había cesado y que ya estaba fuera de peligro. Traté de moverme pero no pude hacerlo debido a que me sentía demasiado débil y no tenía suficiente fuerzas para moverme. Además la posición de la camilla en que estaba acostada, me sostenía los pies elevados y mi cabeza muy baja y esto me lo impedían aún más.

Pero que aun así tenía que continuar con la transfusión de sangre, porque necesitaba recuperar parte de la sangre que había perdido.

-¡Ah, sí! ¡Que Espantoso! ¡Dios mío, como es eso de que me están poniendo sangre de otra persona! -Pensé- entonces llena de confusiones respire agotada mirando hacia la parte arriba de la camilla dura en donde estaba acostada y vi como mi brazo estaba recibiendo aquella sangre negra a través de unos tubos plásticos.

---

[35]   De todos modos, de cualquier manera.

En la criatura que llevaba en mi vientre, pero aún el sueño me dominaba y no podía mantener mis ojos abiertos, ni pensar bien las cosas. Entonces como en un sueño escuche cuando el doctor le decía a la enfermera que ya estaba fuera de peligro, mas sin embargo era necesario continuar con la transfusión de sangre hasta recuperar la sangre que había perdido. Sentí miedo al escuchar esos comentarios y quise averiguar lo que estaba pasando a mi alrededor pero fue imposible mover por la razón de que la camilla en donde estaba acostada tenía la parte de la cabecera bien baja y mis pies elevados. En otras palabras; ¨patas arriba¨. La enfermera me vio mover y de inmediato se me acercó y me tomó la temperatura, la presión, la respiración y luego me pregunto: -¨How are you doing, my dear? ¨Are you okay?¨ (Estas bien) -Very sleepy. - le respondí-.

``I`m going to take you to your room in a few minutes`` – me dijo mientras arreglaba la camilla a su posición normal. En ese momento yo sentí que me iba a morir. Me sentí mareada, con muchísimo calor en la cara y en todo mi cuerpo. La enfermera me introdujo los tubitos de oxígeno en la nariz y procedió a tomarme los signos vitales. En ese mismo momento entraron unos médicos y procedieron a examinarme; luego uno de los médicos ordenó a la enfermera para que me inyectara medicamentos a través del suero que ya estaba corriendo por mis venas.

Así que estuve en la sala de recuperación por unas cuantas horas y después me subieron al cuarto que me habían asignado. En esos momentos vi a mi familia que ya estaba en el cuarto esperando a que me trajeran. Todos se pusieron muy contentos al verme. Mi madre fue la primera que se me acercó a besarme, luego mi hermano Josué y por último y menos esperado mi esposo.

Cuando este se me acercó yo me cubrí la cara con la sabana, porque no deseaba que se me acercara; ni que me fuera a besar. Él se sintió muy mal por mi re acción y sin decir una sola palabra se salió del cuarto. Entonces mi hermano Josué me preguntó que por qué me había portado así con mi esposo y yo le dije que luego le contestaba la pregunta, ya que en ese momento no deseaba comentar nada relacionado con ese señor.

Mi mamá creyendo que yo estaba enterada de todo lo que me había sucedido en la sala de emergencia, agarrándome las manos me dijo: Lo siento mucho nena que hayas perdido la criatura.

No... Mamá eso no es cierto –le dije muy alterada.

–Lamentablemente es verdad que abortaste y en eso tuviste una terrible hemorragia. Aparentemente perdiste el conocimiento. Los médicos pasaron unas cuantas horas contigo, tratando de pararte la hemorragia y lo más seguro fue que durante ese procedimiento te pusieron anestesia y como todo ese tiempo estuviste dormida, no te diste cuenta de nada.

Cuando yo vi a las enfermeras y a los médicos correr contigo por el pasillo, me asusté muchísimo y sin perder tiempo alguno llamé a tu mamá por el teléfono y le conté todo lo que estaba pasando contigo. Después tuve que darles toda la información de tu esposo a las enfermeras, y creo que como tu caso era critico; lo llamaron para informarle. Te aseguro que yo no fui la que le llamó, ni le dije nada de ti y si él está aquí fue porque ellos lo llamaron –dijo asustada temiendo a mi reacción.

Eso ahora ya no importa, y no te preocupes por eso. Tú has hecho todo lo que tenías que hacer y estoy muy agradecida de todo lo que has hecho por mí –le dije dándole un fuerte abrazo y un beso en la mejilla.

–Bueno yo por nada del mundo, te iba a dejar en esto sola. Cuenta siempre conmigo –me dijo con mucha ternura.

Mi cuñada, para mí era más que una cuñada. Era como la hermana que nunca había tenido. Desde el momento en que mi hermano me llevó a su casa y a conocerle comenzamos a compartir y a llevarnos muy bien. Ella me contaba sus problemas y yo les contaba los mío.

VEINTIOCHO

HABÍA PLANEADO QUE EL día en que me dieran de alta del hospital me iba a ir a vivir con mi madre o con mi hermano y no regresar a vivir con mi esposo, pero el plan me salió mal, porque él había llamado al hospital y le habían informado el día y la hora en que yo iba a ser dada de alta del hospital. Entonces cuando estuve lista para salir del hospital, ahí estaba el tipo esperándome para llevarme a la casa. Bueno, la cosa fue que no tuve otro remedio, que regresar a la casa con él. Y así lo hice, pero con la intención de escapar de su lado, tan pronto se me presentara una oportunidad. Mientras tanto, tendría que fingir y hacerme la chiva loca para que no sospechara, ni se diera cuenta de mis planes. Sabía claramente, que si me agarraba saliendo del apartamento, me iba a detener y quizá darme una paliza.

Un día aprovechándome de que se había ido a trabajar, fui a la agencia de pasajes y me compré un pasaje para salir al otro día para Puerto Rico, y después regresé nuevamente a la casa y escondí el pasaje a donde mi esposo no lo pudiera encontrar. Después me puse a limpiar la casa y a cocinar como el que no quiere la cosa.

Entonces el siguiente día, tan pronto él se fue a trabajar metí la ropa y las cosas que me iba a llevar en unos shopping bags de la tienda de Alexander. Metí todas mis cosas en esos shopping bags, para evitar que alguien me viera cargando maletas y se diera cuenta que me iba de viaje o que me estaba escapando de mi esposo.

Tan pronto estuve lista salí del departamento fingiendo que iba a llevar ropa a la tintorería.

Me fui directamente a la 3rd Avenida y ahí entré en la tienda de Alexander y me compré una maleta y unos regalitos para mi padre y mis hermanos. Pues no quería llegar a verlos con las manos vacías. Ahí en la misma tienda coloqué las cosas que llevaba en el shopping bag y las demás cosas que allí compré en la maleta. Después ahí en esa misma avenida, me subí al tren con rumbo a la casa de mi madre, pero de pronto me arrepentí de ir a su casa, para no meterla en problemas con mi esposo, y en la próxima parada me bajé y me subí a un taxi para que me llevara al aeropuerto de inmediato y así no perder el vuelo de las 3:40 de la tarde.

La verdad, que todo fue muy rápido y no pude estar tranquila hasta que no estuve montada en el avión.

Como estaba agotada y un poco débil por la crisis que había acabado de pasar, me quedé dormida en el avión y no desperté hasta que el avión estaba a punto de aterrizar. Mi regreso a la isla surgió tan repentinamente que al despertar pensé que estaba soñando.

Cuando puse mis pies en mi patria y comencé a respirar la suave brisa de las palmeras y ese calor del suelo Boricua, sentí alegría y al mismo tiempo me sentí libre y dispuesta a empezar de cero con la afición de olvidarme de todo lo malo que me había sucedido y lograr una mejor estabilidad. Bueno, en verdad así confiaba en Dios que lo pudiera lograr.

Al principio pensé regresar a la casa de mi tío, donde había vivido anteriormente, pero sabía que allá me iba a encontrar con todas mis amistades, pero no estaba físicamente ni emocionalmente preparada para enfrentarme ante ellos y mucho menos hablar con nadie acerca de mi vida, ni nada por el estilo.

Entonces como estaba ansiosa por ver a mi padre y a mis hermanos, me fui directamente a la casa de mi padre; *lugar del que no debí haber salido nunca, ya que, esa es la casa donde uno menos estorba.*

Mi padre se asombró mucho al verme llegar, porque él me hacía en Nueva York y felizmente casada. Pero cuando le conté todos los problemas que había pasado con mi matrimonio. Me dio toda la razón y se ofreció a poyarme y ayudarme en todo lo que estuviera a su alcance. Y de eso yo estaba segura, porque mi padre había cambiado mucho y hacia algunos años que había dejado la bebida, porque se había dado cuenta que la bebida le estaba afectando la salud y causándole muchos problemas con la familia.

Una tarde, mientras jugábamos cartas, mi padre me preguntó: – ¿cuándo vas a ir a visitar a tus tíos?

Yo le dije que no quería ir a visitarlos, porque tenía miedo de encontrarme con personas que por el momento, no deseaba ver. Entonces papá me dijo, que si lo hacía por el chico que estaba enamorado de mí, que no me preocupara porque se había ido a Nueva York.

Cuando papá me dijo eso, sentí desmoronarme. No podía creer que se hubiera ido a Nueva York. Me aterrorizaba pensar que se había ido detrás de mí como me lo había dicho una vez.

De hecho, que tenía que calmarme, y evitar que mi padre fuera a sospechar, que su noticia me había causado preocupación e inquietudes.

Papá interrumpió mi silencio diciéndome: –"No te preocupes hija, si no quieres ir a ver a tus tíos no vayas. Ya vas a tener tiempo de sobra para ir a visitarlos. Ahora quédate tranquila, descasa y trata de recuperar tu salud.

Por lo que veo no te estabas alimentando bien, ni cuidándote, puesto que no te ves muy bien que digamos. Sé que has pasado por momentos muy difíciles, pero ahora lo que más importa es que estas aquí nuevamente, con tus hermanos y conmigo.

Entiende hija; fue un error irte detrás de tu mamá sin tener su dirección y sin saber dónde encontrarla. Nunca debiste haber salido de tu casa. Cometiste un error y en algunas ocasiones, los errores se pagan con creses.

–"Es mejor malo conocido que bueno por conocer..."

–Bueno ya no hay que darle más vueltas al asunto, ahora lo que tienes que hacer es alimentarte y tomarte esas medicinas sin fallar una, para que te repongas pronto y sigas adelante con tu vida.

Por supuesto que si papá. Es más, ya me siento mejor y mañana cuando vaya a ponerme la última inyección voy aprovechar el viaje, para ir a ver a mis tíos –le aseguré.

Efectivamente, fui al doctor y después pase a visitar a mis tíos y a mi prima. Ellos se sorprendieron muchísimo al verme. La verdad que no se sorprendieron tanto por mi visita; sino al ver lo delgada que estaba y lo enferma que me veía. Y, no era para menos, porque antes de irme a los Estados Unidos, estaba pesando 120 libras y ahora regresaba pesando 90 libras y mojada (como me decía mamá).

<< ¡Muchacha! La verdad que los Nuevayores no te asentaron muy bien –dijo mi tía, tan pronto me vio entrar por la puerta; pero que la Cubana–que estaba de visita–tampoco se quedó callada. – ¿Ven acá mi niña... cuéntame mi cielo, que te ha pasado? –me preguntó sobresaltada.

–Nada que valga la pena de contar– le respondí incómoda por su pregunta. Pues no deseaba contarle a nadie mi desgracia.

Mi tía, reconociendo mi sentir, me invitó a pasar al comedor a tomarme una taza de café y unos surullos de maíz que había hecho para el desayuno. Gustosamente acepté; ya que todavía no me había desayunado y me apetecía volver a comer de los ricos surullos que ella hacía.

Bueno, ese día lo pasé de maravilla junto a mis tíos; charlando y recordando los viejos tiempos.

Al otro día fui a ver a mi prima y entonces fui yo la que se sorprendió muchísimo, al verla acostado en una cama justo a las diez de la mañana. Una mujer que acostumbraba estar de pie, a las seis de la mañana, para irse a trabajar. También me sorprendí al verla más delgada, y aun con su camisón de dormir puesto.

—ven dame un abrazo y siéntate aquí a mi lado. Papá me dijo que habías venido y ya me extrañaba que no vinieras a verme. Anda, cuéntame cómo te fue por allá; aunque me parece que no te fue muy bien, porque te veo más delgada. Bueno, que digo yo… Tu nunca has sido gorda —me decía con voz ronca como si hubiera estado llorando.

Después de dialogar casi toda la mañana con ella, me despedí diciéndole que más tarde iba a pasar a verla, pero cuando me fui a levantar de la cama para irme, me agarró la mano diciéndome: —no te vayas. Quédate aquí conmigo. Tú eres la única persona que me entiende y en la que puedo confiar. Y, digo eso, porque tú te agachabas detrás de las puertas para escuchar las conversaciones que yo sostenía con cierta persona y a pesar de lo mal que me portaba contigo y de lo mucho que te humillaba, sin embargo, tú nunca abriste la boca para decir nada malo de mí. Aunque no creas, en algunas ocasiones me daba miedo que lo hicieras —me decía como si prescindiera de la compañía de alguien y en forma de disculpa.

Ahora bien, me sentí fuerte, grande y pudiente ante aquella señora que a pesar de correr mi misma sangre por sus venas, me había maltratado sicológicamente y físicamente Humillándome y sacándome las listas de pellejo trabajando arduamente como si hubiera sido su esclava. Ahora todo su orgullo, los lujos y el don de Gran Señora quedaba reducido a una vieja bata de casa y un cuerpo casi sin vida postrado en una cama.

A pesar de que sentí pena y una gran tristeza al verla en esas condiciones, también sentí remordimiento al recordar lo ingrata he injusta que había sido conmigo y por haberme negado su cariño y su amor cuando más lo anhelaba y lo necesitaba. Quizá su amor y su compasión por mi cuando me vi abandonada por mi madre, hubiera sido bastante y me hubiera evitado grandes sufrimientos.

Bueno la vida es así. El mundo da muchas vueltas. Hoy por ti, mañana por mí. Hoy estamos aquí mañana no sabemos. Por eso de hoy en adelante voy a vivir el presente dándole frente al maltrato con mano dura. Así es como tenemos que hacer y no permitirle a nadie que nos humille, que nos maltrate y mucho menos que nos desprecien por lo que somos, ni quieran hacerse mejor que nadie. Delante de los ojos de Dios todos somos iguales y al final vamos a parar a un mismo lugar. Unos llegan primero y otros atrás —pero la cosa es que todos vamos a dar a un mismo sitio-.

Ahora bien no culpo a mis padres, ni me siento como una víctima; sino una joven valiente, fuerte que a través de los tropiezos y golpes, aprendió a luchar por sobrevivir en un mundo oscuro lleno de telaraña.

Bueno queridos lectores aquí termina parte de mi historia dejándolos con estos pensamientos:

Recordando siempre que nadie es mejor que nadie y nadie se muere por nadie. Que no debemos permitirle a nadie que se nos pare en la cabeza, pero que tampoco debemos hacérselo a otras personas.

Querer para que nos quieran, amar para ser amados, dar para recibir, respetar para ser respetados y sobre todo Amar a Dios sobre todas las cosas.

Con Dios todo y sin Dios nada.